LESEN OHNE ATOMSTROM (HG.)
ACT NOW!

Beim Hamburger Literaturfestival »Lesen ohne Atomstrom – Die erneuerbaren Lesetage« setzen sich seit zehn Jahren Hunderte Schriftsteller*innen und Künstler*innen für einen anderen, achtsamen Umgang mit dem Planeten und seinen Ressourcen ein. Für das Ende des nuklearen Zeitalters.

Act now!

Reflexionen in existenziellen Zeiten

Lesen ohne Atomstrom (Hg.)

ASSOZIATION A

Redaktion: Andreas Blechschmidt, Oliver Neß, Frank Otto

Übersetzungen: Daniel Creutz (Donatella Di Cesare);
Lilian-Astrid Geese (Fürst Albert II. von Monaco, Parwana Amiri,
Behrouz Boochani, Tima Kurdi, Graeme Maxton, Dennis L. Meadows,
Hilda Flavia Nakabuye, Martin Rees, Vandana Shiva);
Stephanie-Akiko Haschke (Akira Kawasaki)

Lektorat: Theo Bruns

Assoziation A, Gneisenaustraße 2a, 10961 Berlin
www.assoziation-a.de, hamburg@assoziation-a.de, berlin@assoziation-a.de

Gestaltung: Andreas Homann
Druck: CPI
ISBN 978-3-86241-478-9

Inhalt

I. Prolog

Oliver Neß/Frank Otto: Clash of Generations –
Vom Protest zur Revolte   **11**

II. Final Century?! — Die Herausforderungen des 21. Jahrhunderts

Swetlana Alexijewitsch: Von der Banalität
des Schreckens – oder: Die Niederlage des
rationalen Menschen   **39**

Martin Rees: Kollektives Versagen – oder:
Wie wir das Buch des Lebens vernichten,
bevor wir es gelesen haben   **43**

Dennis L. Meadows: Langfristig überleben
statt kurzfristig gewinnen –
Vom Wachstum zur Resilienz   **47**

Vandana Shiva: Der Kolonialismus der Konzerne   **52**

Daniel Dahm: Den Neuanfang wagen –
Vom Aufbruch in eine lebensdienliche Ökonomie   **59**

Boualem Sansal: Die Revolution des Lächelns –
Für einen neuen Kompass des Lebens   **67**

Akira Kawasaki: »Hölle auf Erden« – oder:
Die Abschaffung von Atomwaffen ist alternativlos   **74**

Luc Jochimsen: Wenn der rationale Mensch sich
wieder aufrichtet – Die Verteidigung der Wahrheit   **81**

Hanna Poddig: Reflexionen meines
Kaffeekonsums – oder: Für ein ganz anderes Ganzes   **85**

Beate Klarsfeld: Bereit sein, Widerstand zu leisten   **92**

Graeme Maxton: Unsere Weltsicht bringt den Tod –
System Change!   **96**

III. Klimawandel: Ausgelaugt – Der Burn-Out des Planeten

Mojib Latif: Auf Kurs Worst Case:
Eine Lektion – und drei Prinzipien   **109**

Fürst Albert II. von Monaco: Gegen die
tägliche Verantwortungslosigkeit –
Für ein kollektives Bewusstsein   **113**

Eckart von Hirschhausen: Kommt ein Planet
zum Arzt ... Kein Witz   **116**

Ole von Uexküll: »Lasst uns nicht allein!« –
Über Davi Kopenawa, Hutukara und warum sie am
Amazonas auch für unser Überleben kämpfen   **123**

Hilda Flavia Nakabuye: Gerechtigkeit für
Mama Afrika – Der globale Norden steht
in der Schuld der Welt   **128**

Franziska Wessel: Generation Z –
Gegen die alten weißen Männer   **132**

IV. Migration: Die globalen Elendstrecks — Apokalypse der Zivilisation

Tima Kurdi: Öffnet die Herzen – und Grenzen!   **139**

Behrouz Boochani/Omid Tofighian: Grenzgewalt als komplexe Folter – Für eine neue Sprache multidimensionaler Kritik   **143**

Parwana Amiri: Vom Traum, wieder in Sicherheit zu sein   **149**

Jan Ilhan Kizilhan: Schweigen ist tödlich – Von Gewalt, Trauma und Kultur   **153**

Dariush Beigui/Pia Klemp: No Borders Navy – Rebels with a Course   **161**

Jean Ziegler: Wenn ein Friedensnobelpreisträger das Grundrecht auf Asyl abschafft   **172**

Leoluca Orlando/Wolf Gaudlitz: Für eine neue Menschlichkeit – Freizügigkeit für alle   **180**

Ai Weiwei: Von der Destruktivität der Nation – Grenzen sind auch dazu da, sie niederzureißen   **191**

V. Epilog

Donatella Di Cesare: Die Zeit der Revolte   **199**

Über die Autorinnen und Autoren   **209**

I. Prolog

Ich habe keine Worte,
um das Leiden
all jener zu beschreiben,
die in Gleichgültigkeit
gefangen sind.

LOIC S., AKTIVIST
(verurteilt wegen Widerstands gegen
den G20-Gipfel in Hamburg 2017)

Oliver Neß/Frank Otto

Clash of Generations – Vom Protest zur Revolte

»Vieles ist ungeheuer. Aber nichts ist ungeheurer als der Mensch« – mit diesem Vers des antiken Dichters Sophokles, vor zweieinhalbtausend Jahren in der Tragödie »Antigone« dem Chor zugeschrieben, wollte Kay Sara im Mai 2020 die Wiener Festwochen eröffnen. In den Wochen zuvor hatte die Schauspielerin unter der Regie von Milo Rau die erste indigene »Antigone« einstudiert – und dies nicht auf der Theaterbühne der österreichischen Metropole, sondern auf einer besetzten Landstraße in ihrer Heimat, dem brasilianischen Regenwald. Jenem einzigartigen Biotop, das kriminelle Agrarmanager und korrupte Regierende seit Jahren in Brand setzen lassen, allein für das Jahr 2019 sind 89.178 Feuer im Amazonasgebiet belegt. Das Motiv der Brandstifter in Nadelstreifen: Gier. Mit dem Brandschatzen der planetaren Lunge lässt sich sehr viel Geld verdienen, durch immer mehr Weideland für Rinder und immer neue Anbauflächen für Monokulturen, wo einst Regenwald stand. Zusammen mit dem seit der Industrialisierung fortlaufend ansteigenden Gehalt an Treibhausgasen in der Luft und dem schrankenlosen Land- und Ressourcenverbrauch ist die Vernichtung des Regenwalds eine der zentralen Ursachen für das Aufheizen des Erdballs. Der Mensch ist zur geologischen Kraft geworden. Die existenziellen Folgen vor Augen – die Unbewohnbarkeit weiter Teile des Planeten – sieht Antonio Guterres, Chef jener aus den Ruinen zweier Weltkriege vor 75 Jahren gegründeten Vereinten Nationen, die Menschheit im 21. Jahrhundert erneut im globalen Gefecht: »Unser Krieg gegen die Natur muss aufhören«, appelliert er. Während Menschen stürben und ganze Ökosysteme kollabierten, so Guterres, spreche man nur über Geld.

Sophokles' Chor, der in der griechischen Tragödie den Menschen als das »Ungeheuerlichste« besingt, besteht in Raus Inszenierung der »Antigone« aus Überlebenden des Krieges im Regenwald: Ureinwohnern, die ein Massaker der Banden von Regierungs- und Konzerngnaden an den Indigenen überlebt hatten. Ihre Proben zur aufwändigen Kunstaktion am Amazonas mussten sie im März 2020 abbrechen – als ein Virus nicht nur die Kunst, sondern den gesamten Planeten lahmlegte. Covid-19. Der Erreger, der für Evolutionsforscher auch der »Preis unserer Ausbeutung der Natur« ist und in spektakulärer Weise auf ein weiteres Desaster der Moderne verweist: das Verschwinden der Arten. Nach Berechnungen der Vereinten Nationen werden bis Mitte des 21. Jahrhunderts, also in gerade mal dreißig Jahren, eine Million Tier- und Pflanzenarten ausgerottet sein, vom Tiger bis zum Käfer. Zudem sei im gleichen Zeitraum der Lebensraum von einer Milliarde Menschen akut bedroht, prognostiziert das australische Institute for Economics and Peace. Ursächlich dafür ist die Art, wie wir uns zu leben und zu wirtschaften anmaßen. Das Ausplündern der Böden, das Aussaugen der Meere und die Rodung der Wälder sind reiner Terror gegen die Ökosysteme, von denen die Menschheit existenziell abhängt. Sie sind zugleich der ideale Nährboden für die die Welt so abrupt entschleunigende Pandemie, für das Überspringen der Artgrenze, Zoonosen.

»Wir dringen in tropische Wälder und andere unberührte Landschaften mit vielen Tier- und Pflanzenarten vor, die viele unbekannte Viren beherbergen«, schreibt David Quammen, Autor von »Spillover – Der tierische

Ursprung weltweiter Seuchen«: »Wir fällen Bäume; wir töten Tiere oder sperren sie in Käfige und verfrachten sie auf Märkte. Wir stören die Ökosysteme und schütteln die Viren quasi von ihren natürlichen Trägern ab, sodass diese neue brauchen. Und das sind oft wir.« Jetzt auch mal wir im satten Europa, in dem viele allen Ernstes weiter glauben, dass wir uns gegen Eindringlinge jeder Spezies hermetisch abschotten können. Da auch hier die Welt so abrupt stillstand, konnte Kay Sara nicht auf der großen Wiener Bühne sprechen, sondern zog sich dahin zurück, wo sie sich trotz allem zu Hause fühlt: »Im Wald, bei meinem Volk, ganz im Norden Brasiliens, am Ufer des Flusses Oiapoque.« Dort stellte man den Ihren aber weiter unbarmherzig nach. Kurz nach Ausbruch der Pandemie witterten die Konzerne mit ihrem rechtsradikalen Chef-lobbyisten im Präsidentenpalast von Brasilia neue Chancen. Dessen »Umweltminister« gab die Losung aus, die Zeit zu nutzen, in der sich die Welt mit dem Virus befasst, um den Krieg im Regenwald noch forscher zu betreiben. Für »Antigone« Kay Sara ist seither ausgemacht: »Es geht nicht mehr um Kunst, es geht nicht mehr um Theater. Unsere Tragödie findet hier und jetzt statt, vor unseren Augen.« Oder wie es der renommierte Klimaforscher Mojib Latif in seinem Beitrag zu dieser Anthologie zuspitzt: »Der Planet ist auf Kurs Worst-Case-Szenario.«

Diese komplexe Tragödie der Moderne hat das Hamburger Literaturfestival »Lesen ohne Atomstrom« – einst entstanden als zivilgesellschaftliche Reaktion auf das kulturelle Greenwashing eines Atom- und Kohlekonzerns und seiner Lobbyisten in der hanseatischen Landesregierung – veranlasst, kluge Köpfe aller Generationen rund um den Globus um ihre Sicht auf die Welt im 21. Jahrhundert zu bitten: Gedanken zu den epochalen Herausforderungen im Anthropozän. Jenem Zeitalter, von dem erstmals 1873 der Geologe Antonio Stoppani sprach, als er im Menschen »eine neue tellurische Macht« erkannte, »die es an Kraft und Universalität mit den großen Gewalten der Natur«

aufnehmen könne. Für Chemie-Nobelpreisträger Paul J. Crutzen, der den Begriff vor zwei Jahrzehnten etablierte, sind »die Effekte des menschlichen Handelns auf die globale Umwelt in den letzten drei Jahrhunderten eskaliert«. War im vorangegangenen Holozän die Natur allmächtig, so hat im Anthropozän zunehmend der Mensch seinen Einfluss auf die Erde geltend gemacht. Dennoch greift diese schlüssig erscheinende Neudefinition noch zu kurz, lässt sie doch die extremen Ungleichheiten innerhalb der menschlichen Spezies unberücksichtigt: Ungleichheit hinsichtlich der Verursachung des Problems wie auch, was das Leiden darunter anbelangt. So ist die Zerstörung der Lebensbedingungen nicht einfach nur Menschenwerk, sondern vielmehr Produkt einer über die letzten Jahrzehnte zunehmend entfesselten gesellschaftlichen Formation: der kapitalistischen Produktionsweise. Entsprechend vermag der zuletzt verstärkt diskutierte Begriff des »Kapitalozäns« die Entwicklung in ihrer Komplexität besser zu erfassen.

»Wir leben derzeit im ersten Jahrhundert von 45 Millionen Jahrhunderten irdischer Existenz, in dem eine – unsere – Spezies allein über die Zukunft der Erde entscheiden kann«, konstatiert in diesem Band eine Persönlichkeit, die weit mehr als den Erdball im Blick hat, nämlich das Universum – Astrophysiker Lord Martin Rees, Königlicher Astronom der britischen Queen. Ein Charakteristikum dieser Epoche hat Swetlana Alexijewitsch beim »Lesen ohne Atomstrom«-Kulturprotest gegen den G20-Gipfel in Hamburg 2017 benannt: »Die Niederlage des rationalen Menschen«. Die Literaturnobelpreisträgerin bezieht sich dabei maßgeblich auf den – trotz aller nuklearen Desaster, von Majak und Harrisburg bis Tschernobyl und Fukushima – unveränderten Weiterbetrieb von Atomkraftwerken, der einer unheilvollen Allianz aus Konzernen und regierenden Lobbyisten geschuldet ist, die gigantische Profite mit der vermeintlich zivilen Nutzung der Kernspaltung erzielen. Alexijewitsch hat mit vielen der Zehntausenden gesprochen, die nach dem GAU in der Ukraine vor der atomaren Verseuchung ihrer Heimat fliehen mussten, und hat dabei Apokalyptisches aufgezeichnet. Wenn Ärzte die Tschernobyl-Vertriebenen vor ihren sterbenden Angehörigen warnen: »Nicht nahe rangehen! Nicht küssen! Nicht streicheln! Das ist nicht mehr der geliebte Mensch, das ist ein strahlenverseuchtes Objekt.« Dagegen verblassen Shakespeare und Dante, schreibt Alexijewitsch in ihrem Essay zu diesem Band. Und sie beobachtet, dass »der Mensch etwas völlig Neues, Unmenschliches tut: Er begräbt Erde in der Erde, versenkt verseuchte Erdschichten in speziellen Betonbunkern, mitsamt allem was darin lebt.« Für die weißrussische Autorin ist gar eine neue Spezies entstanden: der »Tschernobyl-Mensch«. Und gerade mal 25 Jahre nach dem Tschernobyl-GAU tut der Mensch im weit entfernten Japan das Gleiche wieder: Nachdem die Atommeiler in Fukushima explodiert sind und Hunderttausende fliehen mussten, vergraben die Menschen wieder die verseuchte Erde. Um kurz darauf viele Atommeiler erneut zu starten.

Weder in Japan noch in der Ukraine oder am Amazonas ist eine gesellschaftliche Kraft da, die den Regierenden und Konzernen bei ihren skrupellosen Taten in den Arm fällt. »Rational« ist dieser Mensch wohl kaum, vielmehr gleicht sein Umgang mit dem Planeten »einem Katastrophenfilm, in dem rivalisierende Mafiagruppen sich an Bord eines Flugzeugs in 12.000 Meter Höhe ein Feuergefecht mit großkalibrigen Waffen liefern«, so Peter Sloterdijk. Die Atommafia ist es denn auch, die der Zivilisation eine ihrer schwersten »Niederlagen« zugefügt hat: den militärischen Einsatz der Kernspaltung. Selbst die Infernos von Hiroshima und Nagasaki haben nicht zum Umdenken geführt, wie Akira Kawasaki vom Friedensnobelpreisträger ICAN, der Internationalen Kampagne zur Abschaffung von Atomwaffen, in seinem Beitrag zu diesem Band eindrücklich darstellt. Der Mensch hat sich vielmehr in den Hundertausenden Jahren seiner

Evolution erstmals technologisch in die Lage versetzt, den Planeten komplett vernichten zu können – und das jederzeit, wie Rachel Bronson, Präsidentin der hochdekorierten Wissenschaftlergruppe des »Bulletin of the Atomic Scientists«, mahnt: »Wenn man die nukleare Lage der Welt nur als düster bezeichnet, ist das eine Unterbewertung der Gefahr und der Unmittelbarkeit.« Die Generalversammlung der Vereinten Nationen hatte bei ihrer Gründung vor 75 Jahren in ihrer ersten Resolution die Abschaffung von Massenvernichtungswaffen als ihre zentrale Aufgabe postuliert – heute verfügt ein Dutzend Staaten über 13.000 Nuklearsprengkörper. Auch eine dieser »Niederlagen des rationalen Menschen«.

Die Weltgemeinschaft ist offenkundig überfordert mit der Eskalation der Zerstörungen, die im 21. Jahrhundert zu existentiellen Herausforderungen kumulieren: Klimawandel, Regenwaldvernichtung, Ozeanvermüllung, Massenvernichtungswaffen, Artensterben, atomare GAUs – und nicht zuletzt die Tatsache, dass noch nie in der Menschheitsgeschichte so viele Frauen, Männer und Kinder rund um den Globus vor Umweltverwüstungen, Armut, Krieg und Terror auf der Flucht waren. Sie machen ein Prozent der Weltbevölkerung aus, mehr als 80 Millionen Fliehende. Allein in der letzten Dekade hat sich die Zahl annähernd verdoppelt. Die Menschen auf der Flucht werden an selektiv gezogenen Grenzen aufgehalten, die – ausgebaut zu hochtechnisierten Festungsanlagen – schier unüberwindlich sind. Die tödlichste dieser Grenzziehungen verläuft quer durch das Mittelmeer. Millionen Europäer genießen hier, qua Geburtsort dazu berechtigt, den Sommerurlaub, während an denselben Ufern das Territorium der Europäischen Union verteidigt wird. Unerbittlich geht der Friedensnobelpreisträger EU gegen Menschen vor, die sich mit letzter Kraft an unsere Strände schleppen – gehetzt, misshandelt, erschöpft. Der weltweit anerkannte Traumatologe Jan Ilhan Kizilhan beschreibt in diesem Band, in welch unfassbar desolater

Verfassung Geflüchtete nur um eines bitten: Über-Leben. Doch viele schaffen es nicht, lebend europäischen Boden zu erreichen. Tausende kommen beim Versuch, das Mittelmeer zu überqueren, ums Leben. Einige werden leblos an unsere Strände gespült – wie Alan Kurdi. Er wurde nur zwei Jahre alt, ertrank gemeinsam mit Bruder und Mutter in der Meerenge zwischen der griechischen Insel Kos und der Türkei. Alans Bild ging um die Welt, wie er mit dem Gesicht im Sand liegt, angespült wie Treibgut. Seine Eltern hatten nach monatelanger Odyssee versucht, den Sicherheit verheißenden Boden der EU zu erreichen. Der Bürgerkrieg in Syrien mitsamt der in Europa produzierten Bomben sowie der Terror islamistischer Milizen hatten sie in die Flucht getrieben. Ein geordnetes Entrinnen vom Schlachtfeld in ihrer Heimat gab es nicht. Vor der Flucht auf einem winzigen Boot hatte Familie Kurdi ganz legal versucht, zu Alans Tante Tima nach Kanada auszureisen. Der Versuch scheiterte an unüberwindbaren bürokratischen Hürden. Die herrschende Weltordnung sieht vor, dass Menschen wie die Kurdis in den ihnen zugedachten Kriegs- und Krisengebieten zu bleiben haben. Alans Tante beschreibt in diesem Band ihr Familientrauma, eines von Millionen. Und Tima Kurdi bittet: »Öffnet die Herzen – und Grenzen!«

Doch der reiche Norden lässt weltweit erkennen, was er unter »humanitärem« Handeln versteht. So wenn sich in den USA Scott Warren vor Gericht verantworten muss, weil er Menschen auf der Flucht in der Wüste Arizonas mit Wasser versorgte. Wenn Sarah Mardini und Seán Binder in Griechenland angeklagt sind, weil sie verletzten Geflüchteten Erste Hilfe geleistet haben. Oder wenn eine Armee tagtäglich in der Ägäis, dort wo Alan Kurdi ertrank, Jagd auf die mit Frauen, Männern und Kindern überfüllten Nussschalen macht. Die hochgerüsteten Patrouillen des Friedensnobelpreisträgers EU versuchen die Gummiboote zum Kentern zu bringen. Ihre oft vermummten Besatzungen zerschlagen mit Eisenstangen die Motoren, traktieren die verängstigten Insassen. Niemand unterbindet das. Unterbunden wird von Europas Regierenden nur das Retten.

Zahlreiche Freiwillige leisten seit Jahren ehrenamtlich Seenotrettung im Mittelmeer. Sie erwarteten nichts von den Verantwortlichen, von der EU, den nationalen Regierungen. Sie nahmen einfach selbst in die Hand, was eigentlich hoheitliche Aufgabe ist: in Not Geratene bergen. Weit mehr als 100.000 Menschen haben diese privaten Initiativen aus dem Wasser gezogen und vor dem sicheren Tod bewahrt. Doch Europas Regierungen beschlagnahmten nahezu alle Rettungsschiffe, drohen den Lebensrettern mit Gefängnis. Zwei dieser Kapitäne, die hinter Gittern sollen, Pia Klemp und Dariush Beigui, beschreiben in einem Dialog für diese Anthologie ihre Erfahrungen mit der Festung Europa und kommen zu der Schlussfolgerung: »Ein System, das auf Gier, Gewalt und Gehorsam beruht, wird immer mit voller Härte zuschlagen, wenn man an seinem Machtanspruch und seinen Festungsmauern kratzt. Dieses System gehört nicht geändert, es muss niedergerissen werden.« Dabei wissen sie den weltweit geachteten Kämpfer gegen Organisierte Kriminalität und Bürgermeister der einstigen Mafia- und heutigen Kultur-Metropole Palermo, Leoluca Orlando, an ihrer Seite. Der Initiator der »Charta für die Freizügigkeit des Menschen« schreibt in seinem Beitrag zu diesem Band: »Heutzutage muss uns doch allen bewusst sein, dass erst durch Völkerwanderungen und die Bewegungen einzelner Stämme das Leben auf diesem Planeten seine kulturellen Bedeutungen und wahren Werte bekommen hat. Aber 500 Millionen Europäern, in 27 verschiedenen Staaten lebend, will es nicht gelingen ein, zwei oder drei Millionen Flüchtlinge aufzunehmen? Also bitte ...«

Derweil versorgt der globale Süden, mithin die ärmsten Länder der Welt, 90 Prozent der weltweit Fliehenden, mehr als 70 Millionen Frauen, Männer und Kinder. Noch so eine dieser »Niederlagen des rationalen Menschen«:

wenn die Ärmsten den Armen helfen müssen, weil die Reichen sich demonstrativ abwenden. Die EU verkörpert das, was Flüchtlingsretterin Klemp den »modernden Leichnam des Humanismus« und Schriftstellerin Alexijewitsch »eine Katastrophe des Bewusstseins« nennt. Es sind mittlerweile Millionen »Niederlagen«, Tag für Tag, allerorten. Eine solche ist auch die Wahl der Ursula von der Leyen, die sich von den versammelten Rechtsradikalen im EU-Parlament ins Amt der europäischen Regierungschefin hieven ließ, als selbst viele der eigenen Konservativen ihr nicht mehr folgen mochten. Und von der Leyen liefert seither verlässlich für Europas Faschisten und Rassisten: »Wir werden die Stellung halten«, befiehlt sie ihren Grenzschützern am 5. März 2020. Als 2017 Deutschlands einflussreichste Punkband »Slime« in ihrem neuen Album prophezeite »Sie wollen wieder schießen dürfen«, da schien das doch arg übertrieben. An jenem Märzmorgen 2020, unmittelbar bevor von der Leyen sich die hermetisch abgesicherte Grenze nahe dem türkischen Pazarkule zeigen lässt, wird die Vorhersage der Band jedoch blutige Realität: Der Pakistaner Muhammad Gulzar sackt plötzlich zusammen. Seine Frau steht neben ihm. Gulzar presst verzweifelt die Hand auf seine Brust, eine Kugel des Kalibers 5,56 Millimeter hat sie durchschlagen. Muhammad Gulzar stirbt. Drei weitere Flüchtende, die an diesem Morgen europäischen Boden erreichen wollten, werden ebenfalls von Kugeln der griechischen Militärs getroffen. Die Stellung wird gehalten. Der EU-Oberfehlshaberin gelingt es spielend, Jean-Jacques Rousseau zu widerlegen, für den »die Menschen mit all ihrer Moral nie etwas anderes als Ungeheuer gewesen wären, wenn die Natur ihnen nicht das Mitleid zur Stütze der Vernunft gegeben hätte«. Der Philosoph des 18. Jahrhunderts konnte den Politikertypus des 21. Jahrhunderts nicht voraussahnen. Für Jean Ziegler verkörpert jene »elegante Frau in den Sechzigern, die ein gepflegtes Französisch spricht«, die Strategie »Abschreckung durch

Terror. Das soll einen solchen Schrecken verbreiten, dass die Verfolgten darauf verzichten, ihre Länder zu verlassen, so hoffen es die finsteren Bürokraten der EU.«

Und diese haben auch für jene alles vorbereitet, die es an allen Sperren vorbei an die Ufer Europas geschafft haben: Für die haben sie Lager eingerichtet – unbeschreibliche Elendsquartiere, über die Mathilde Weibel vom Roten Kreuz sagt: »Man stirbt in diesen Lagern auf kleiner Flamme. Langsam. Von innen. Bis man eines Tages das Messer ergreift, das zu sehen man sich weigerte.« Welcome to Hell, Made in Brüssel. Die Schülerin Parwana Amiri, die nach monatelanger Flucht aus Afghanistan in der Hölle Moria auf Lesbos interniert war, schreibt in ihrem Text für diesen Band: »Flüchtling zu sein bedeutet viel mehr, als eine Grenze zu überschreiten. Geflüchtet zu sein bedeutet, sprachlos gemacht zu werden, von der Teilhabe am Leben ausgeschlossen zu werden, nicht mehr Mensch zu sein.« Für Ai Weiwei versucht Europa »die Flüchtlinge zu bestrafen und sich ihrer zu entledigen«, so der Künstler in seinem zornigen Essay zu diesem Band. Hoch differenzierte, »systematische Folter« nennt es der kurdische Schriftsteller Behrouz Boochani, der 2013 den Häschern des iranischen Geheimdienstes gerade noch entkommen war, beim Versuch, Australien zu erreichen, aufgegriffen und sechs Jahre auf einer Insel im Pazifik interniert wurde. In Australiens Flüchtlingsgefängnis schrieb Boochani den vielfach preisgekrönten Roman »No Friend but the Mountain«, dessen Manuskript er in Tausenden SMS-Nachrichten in die Welt schmuggelte.

Der Umgang mit den Zigmillionen Flüchtenden ist zweifelsohne eine der »Niederlagen des rationalen Menschen«, die wir nur zu oft ebenso ignorant akzeptieren wie all die anderen unserer Zeit. Jean Ziegler benennt unser aller ganz persönliche Verantwortung: »Auch ich war nicht direkt verantwortlich für das menschliche Elend, das ich bei meinem Besuch auf Lesbos unmittelbar vor Augen hatte, doch als Europäer, als Mensch, der bislang stumm geblieben war, hatte ich zu der Verschwörung des Schweigens beigetragen, die diese Gräuel erst ermöglicht.« Ziegler hält uns zu Recht den Spiegel vor. Denn was ist unsere Reaktion auf all das? Bleiernes Schweigen. Oder eine lautstarke Party, die alles übertönt. Wir wollen all das nicht hören, wollen weiter konsumieren, als gäb's kein Morgen. Es ist ein dröhnendes Schweigen zu dem, was Ziegler an anderer Stelle »kannibalische Weltordnung« genannt hat: zu den Millionen Fluchttragödien, den Tausenden Toten auf dem Grund des Mittelmeers, die unser Urlaubsparadies zum Massengrab haben werden lassen. Schweigen zum Gemetzel an Kay Saras Angehörigen und dem Niederbrennen des Regenwalds. Schweigen zur regelmäßig wiederholten atomaren Apokalypse. Nichts fällt uns dazu ein, dass wir unsere Mitgeschöpfe ausrotten. Dekadent pflegen wir einen Lebensstil, der den Erdball unumkehrbar aufheizt.

Der auf Aristoteles zurückgehende Terminus »Akrasia« erfasst dieses groteske Verhalten, dieses Agieren wider besseres Wissen, mit dem wir in den letzten Jahrzehnten mannigfache Lunten angezündet haben. Der Burn-out des Planeten ist die Konsequenz dieses Handelns. Herbert Marcuse beschrieb vor über einem halben Jahrhundert das »Ende der Utopie«, das er darin erkannte, dass Wissen und Technik längst ein glückliches Leben ermöglichen könnten, aber eben auch geeignet sind, »die Welt zur Hölle zu machen«. Da sind wir heute wohl so gut wie angekommen. Oder wie es der Freund unseres Festivals, der viel zu früh verstorbene Roger Willemsen, in seinem letzten Text 2015 so trefflich skizzierte: »Die letzte Epoche der Utopie hat begonnen, und wie alle Ressourcen wird auch die Zukunft knapp.« Stephen Hawking gab 2017, wenige Monate vor seinem Tod, der Menschheit noch hundert Jahre auf der Erde, wenn der Mensch nicht innehalte. Analog warnt auch Astronom Martin Rees, dass unser Jahrhundert das »Final Century« werden könnte, und zeichnet in diesem Band ein seiner Profession entsprechendes Bild: »Das ›Raumschiff Erde‹ rast durch die Leere. Die Passagiere haben keine Pläne, blicken nicht Richtung Horizont, ignorieren langfristige Risiken.« Fürst Albert II. von Monaco bewegt genau dies, wenn er in seinem Essay zu diesem Buch fragt: »Warum fällt es uns so schwer, unsere Zivilisation, unseren Planeten und unsere Kinder vor dem Ökokollaps zu bewahren?«

Wir sehen, dass es brennt, lichterloh. Wir kennen sogar die Brandstifter. Und wir lassen sie machen. Wir betrachten das zerstörerische Spektakel, ohne einzugreifen. Es ist jene erschreckende Gleichgültigkeit, die kluge Menschen als verheerend diagnostiziert haben. Wie der Friedensnobelpreisträger und Schriftsteller Elie Wiesel, der Auschwitz und Buchenwald überlebt und »immer daran geglaubt [hat], dass das Gegenteil von Liebe nicht Hass ist, sondern Gleichgültigkeit. Das Gegenteil von Hoffnung ist nicht Verzweiflung, es ist Gleichgültigkeit.« Stéphane Hessel nannte diese Gleichgültigen, die es brennen sehen und brennen lassen, »Ohne-mich-Typen«. Für den Résistance-Kämpfer und späteren UN-Diplomaten ist die Haltung des »Ohne mich« »das Schlimmste, was man sich und der Welt antun kann. Den ›Ohne-mich-Typen‹ ist eines der absolut konstitutiven Merkmale des Menschen abhandengekommen: die Fähigkeit zur Empörung und damit zum Engagement.«

Jeder Einzelne steht in der Verantwortung – dafür dass die Dinge nicht so bleiben, wie sie objektiv nicht bleiben können. Wir müssen »den Prozess der Veränderung beflügeln«, so Friedenspreisträger Boualem Sansal in seinem Essay zu diesem Band. Mensch-Sein beginnt überhaupt erst mit Verantwortungsbewusstsein. Daran mangelt es vielen aus unseren Generationen, die in der zweiten Hälfte des 20. Jahrhunderts bestimmend waren und es bis heute sind – sonst stünde es um den Planeten nicht so, wie es steht. Bereits im 18. Jahrhundert bemerkte der Philosoph Giambattista Vico, der Aufstieg und Niedergang von Zivilisationen analysierte: »Zuerst fühlen die Menschen das Notwendige, dann achten sie auf das Nützliche, darauf bemerken sie das Bequeme, weiterhin erfreuen sie sich am Gefälligen, später verdirbt sie der Luxus – schließlich werden sie toll und zerstören ihr Erbe.«

Ja, zugegeben: Wir sind selbst Teil dieser luxuriös ruinösen Generation. Wie auch die Musiker von »Slime«, die zu ihrem 40. Bühnenjubiläum singen: »Die fetten Jahre sind schon bald vorbei, dann kommt der große Hunger nach dem großen Fressen. Die Kinder fragen, du warst doch dabei, warum hast du uns verraten? Warum hast du uns vergessen?« Das müssen wir – auch das gesamte Team der Engagierten von »Lesen ohne Atomstrom« – uns persönlich fragen: Ob wir genug getan haben. Denn eines waren wir alle nicht: »Ohne-Michs«. Wir haben mit vielen anderen Häuser besetzt, wo nötig auch verteidigt und so dauerhaft der Spekulation entzogen. Wir haben versucht, den Bauzaun am Atomkraftwerk Brokdorf niederzureißen, oder haben Schienen ins Wendland unpassierbar gemacht, was Atomtransporte vorübergehend aufgehalten hat. Wir haben gemeinsam mit zahlreichen engagierten Künstlerinnen und Künstlern, Autorinnen und Autoren den unerträglichen Kulturmissbrauch von Atomindustrie und Hamburger Provinzpolitikern zerlegt – und für ein unabhängiges Festival gesorgt. Ja, alles durchaus richtig. Mehr aber auch nicht! Gereicht hat all das angesichts des desaströsen Status quo keinesfalls.

Roger Willemsen porträtierte in seinem letzten Essay unter dem Titel »Wer wir waren« seine, unsere Generation. Unser Scheitern: »Wir waren wie die Landschaft, im Rückzug. Wir hatten unserem Verschwinden nichts entgegenzusetzen, rieben uns aber auf im engen Horizont einer Arbeit, die ein Unternehmen stärken, erfolgreicher, effektiver machen sollte, aber nicht Lebensfragen beantworten, das Überleben sichern helfen würde. Kaum blickten wir in die Vergangenheit, sahen wir nichts als Fortschritt. Kaum blickten wir in die Zukunft, nichts als Niedergang. Wir waren jene, die wussten, aber nicht verstanden, die begriffen, aber sich nicht vergegenwärtigen konnten, voller Information, aber ohne Erkenntnis, randvoll mit Wissen, aber mager an Erfahrung. So gingen wir, nicht aufgehalten von uns selbst.« Für Willemsen geriet unsere Generation von der »Macht der Verhältnisse in die Entmündigung durch Dinge, denen wir Namen gaben wie ›System‹, ›Ordnung‹, ›Marktsituation‹, ›Wettbewerbsfähigkeit‹. Ihnen zu genügen nannten wir ›Realismus‹ oder ›politische Vernunft‹. Auf unserem Überleben bestanden wir nicht. Denn unser Kapitulieren war auch ein Mit-der-Zeit-Gehen.«

Obsiegt nun der gleichgültige Gang in Lord Rees' »Final Century«? In dem nun aber doch eine, eher zwei, Generation(en) Hoffnung machen. Wie die Aktivistinnen und Aktivisten um Pia Klemp und Dariush Beigui: die alles stehen und liegen lassen, um monatelang die Ertrinkenden aus dem Mittelmeer zu ziehen. Gehalt, Karriere, Besitz – kein Gedanke daran. Einfach machen, nicht länger gleichgültig, stattdessen Menschsein: »für mich war und ist die seenotrettung kein akt der humanität, es ist mein politisches statement gegen den kapitalismus«, begründet Beigui seinen Weg in diesem Buch. Auf den sich inzwischen auch viele Jüngere, erst um die Jahrtausendwende Geborene, gemacht haben. Sie sind in Sorge um das Klima rund um den Globus unterwegs. Wie Hilda Flavia Nakabuye in Kampala und Franziska Wessel in Berlin, die in diesem Band die Perspektive ihrer engagierten Generation einbringen: Sie »sind es so leid zu sehen, wie wenige – meist alte und weiße – Männer immer wieder Entscheidungen treffen, die diesen Planeten zerstören.« Weil sie kontinuierlich freitags unter dem so schlichten wie richtigen Motto »Wir sind laut, weil ihr uns die Zukunft klaut« auf die Straße gehen, nennen die Jungen sich »Fridays for Future«: eine weltweite Bewegung, die nichts weniger beansprucht, als den Planeten vor den »alten weißen Männern« zu retten. Sie sind wahrlich keine »Ohne-Michs«, verachten zu Recht das »Mit-der-

Zeit-Gehen« von uns Alten. Hilda und Franziska, Pia und Dariush und all die anderen – sie nötigen uns hohen Respekt ab.

Bemerkenswert bei den »Fridays« ist, dass sie sich nahezu ausschließlich auf Erkenntnisse der Wissenschaft berufen. Auf jene Blaupausen für die Rettung des Planeten, die schon seit langer Zeit zahlreich vorliegen, bereitgestellt von klugen wie unbestechlichen Köpfen aus der Elterngeneration, immerhin. Die Jungen definieren gerade Willemsens »Realismus« und »politische Vernunft« gänzlich neu, wenn sie die Umsetzung der Forschungserkenntnisse einfordern. Kompromisslos, ohne Deals. Weil man mit der Natur weder verhandeln noch Kompromisse schließen kann, wie Klimaforscher Mojib Latif in diesem Band unmissverständlich klargemacht hat. Hilda Flavia Nakabuye, Anfang 20, fasst es in ihrem Essay bildhaft: »Ich sorge mich um meine Mama Afrika, es geht um Mamas Überleben.« Dafür verlangen Hilda und die Ihren die Einhaltung bestehender internationaler Vereinbarungen. Ziemlich unspektakulär, aber für unsere Generation ist die Missachtung von Abkommen der Normalzustand, den unsere Generation noch immer definiert. Sie sitzt weiter an den Schalthebeln der Macht in Politik und Wirtschaft und verteidigt in ihrer weit überwiegenden Mehrheit beharrlich, worin sie sich über Jahrzehnte so komod wie zerstörerisch eingerichtet hat. Fleischmassen, Kleiderberge, Neuwagen. Von allem immer mehr. Der bald 80-jährige Lord Rees bekennt: »Wir sollten uns schämen, künftigen Generationen eine so erschöpfte und gefährliche Welt zu hinterlassen.«

Und so benennt Rees gemeinsam mit Nakabuye und Wessel in diesem Buch die zentrale Kontroverse des 21. Jahrhunderts: den »Clash of Generations«. In ihm stößt das aus Zukunftssorgen gespeiste Engagement der Jüngeren auf die hedonistische Scheuklappenmentalität der älteren Generation, die »neue Generation der Engagierten, Schöpferischen und Fürsorgenden auf unsere

Generation der Imperien und Konsumgesellschaft«, so Opernregisseur Peter Sellars. Für die »New York Times« ist der Frieden zwischen den Generationen vorbei. Der von unserer Generation angezündete Planet mit seinen Schauplätzen der Geflüchteten-Tragödien, der verseuchten Meere, gemeuchelten Arten und rauchenden Wälder wird zum Antrieb des »Clash of Generations«. Auch die junge Schweizer Romanautorin Lisa Schneider, gerade mal volljährig schon Schöpferin eines halben Dutzends Bücher, benennt schonungslos die Verantwortlichkeiten: »Schuld an all dem trägt die Generation, die heute das Sagen hat und weiterhin an ihrem erdzerstörerischen Kurs festhält.« Eine harsche Polarisierung, zugegeben – bei der sich nicht nur TV-Entertainer und Mediziner Eckart von Hirschhausen in seinem Essay zu diesem Band »Kommt ein Planet zum Arzt ... Kein Witz« fragt: »Hilft uns das weiter?« Und selbst die Antwort gibt: »Ja.« Ebenso fokussiert die Inspiratorin der »Fridays«, Greta Thunberg, auf den Generationen-Clash: »Meine Generation wird nicht ohne Kampf aufgeben.« Das bestärken auch Hilda Flavia Nakabuye und Franziska Wessel in diesem Band: »Wir sind die Klimageneration. Ihr solltet uns ernst nehmen.« Der Ton wird schärfer, völlig zu Recht.

Die Perfidie der Alten: Sie ahnen zusehends, dass sie das Drängen ihrer Kinder ernst nehmen müssen – und passen sich an, überaus biegsam, wie es ihre Generation geübt ist. So wird neuerdings gern Verständnis für die Anliegen der Jungen geheuchelt. Thunberg hat das durchschaut: »Das ist etwas Schlimmeres als Schweigen: Leere Worte und Versprechungen.« So wenn viele von uns Alten gleich nach den hohlen »Versprechungen« wie gehabt den neuen SUV bestellen oder die Kreuzfahrt buchen. Oder wir uns notfalls auch ein bisschen reuig zeigen und »Strohhalm und Plastiktüte weglassen« oder »klimakompensiert fliegen, mit Jutebeuteln einkaufen und einmal im Jahr für die ›Earth Hour‹ das Licht ausschalten«, ätzen von Hirschhausen und Ole von Uexküll, Direktor des Alternativen

Nobelpreises, in diesem Band: »Wir wissen, dass all das nicht reicht – und trotzdem machen wir weiter.«

Was die deutsche Regierung eindrucksvoll bestätigt, als sie Ende 2019 unter dem Eindruck der regelmäßigen »Fridays«-Kundgebungen ein sogenanntes »Klimaschutzprogramm« verkündet. Dessen erste konkrete Maßnahme: der Start eines Kohlekraftwerks. So etwas passiert nicht einfach so, so etwas wird gemacht, aktiv, bewusst. Die Täter der Zerstörung sind persönlich identifizierbar. Sie haben Funktionen. Und Namen. Es sind dieselben Lobbyisten der Fossilen-Branche in Regierungsämtern, die in den Jahren zuvor nahezu sämtliche zukunftsweisenden Arbeitsplätze in der Solarindustrie vernichtet haben und alles daransetzen, auch der Windenergie-Branche vollends den Stecker zu ziehen. Sie wollen, statt erneuerbare Energien auszubauen, noch an die 20 Jahre mit Kohlekraftwerken die Atmosphäre aufheizen – und so weiter ihren fossilen Komplizen in den Konzernvorständen dienen. Es sind dieselben, die nach Harrisburg und Tschernobyl Atomkraftwerken auf Jahrzehnte den lukrativen Bestand gesichert haben. Für den britischen Bestseller-Autor Paul Mason ist derlei Regierungshandeln »eine Attacke auf alle erkenntnistheoretischen Methoden, auf das wissenschaftliche Denken und auf eine an Fakten orientierte Entscheidungsfindung«. MIT-Professor Otto Scharmer konstatiert »kollektives Führungsversagen, die organisierte Verantwortungslosigkeit«. Langfristige Konzepte seien mit diesen Protagonisten in Regierungsverantwortung aussichtslos, resümiert Graeme Maxton, ehemals Generalsekretär des Club of Rome. Und Astronom Rees weiß auch warum: »Weil Politiker sich nur für ihre Wähler interessieren, für ihre Wähler bei der nächsten Wahl. Die Probleme sollen doch kommende Generationen lösen.« Und die Wähler unserer Generation sind überwiegend jene »typischen Bürger«, denen der Soziologe Joseph Schumpeter schon vor 80 Jahren einen »reduzierten Wirklichkeitssinn« attestierte: »Er fällt auf eine tiefere Stufe der gedanklichen Leistung, sobald er das politische Gebiet betritt. (...) Er wird wieder zum Primitiven. Sein Denken wird assoziativ und affektmäßig.« Aber den Regierenden hiesiger Demokratien verleiht dieser »typische Bürger«, der »Ohne-Mich«, umfassende Legitimation. Die Legitimation zur Zerstörung. Ein »konstitutionelles Problem«, so Maxton in dieser Anthologie: »Die politischen Führer fördern unablässig Konsum und Wirtschaftswachstum – auch wenn sie den Tod bringen. Und auch eine Partei wie Die Grünen oder Nichtregierungsorganisationen wie WWF oder Greenpeace sind hier keine Alternative mehr, sind zu konventionell geworden. Unsere Gesellschaft muss sehr viel radikaler und ehrgeiziger werden.« So geht es jetzt um Transformation, grundlegenden systemischen Wandel. Disruption. Den Umsturz der bestehenden Verhältnisse. Jener Verhältnisse der Plünderung und Inhumanität. Zwei Elemente werden dafür zentral sein, wie alle Reflexionen dieses Bandes zeigen: das Infragestellen des Wachstumsdogmas, jenes beständig gebrochenen Wohlstandsversprechens des Neoliberalismus, sowie des Konstrukts des Nationalstaats.

Die Glaubenslehre unserer Generation, menschlicher Fortschritt und Wohlstand definierten sich über Wirtschaftswachstum, ist widerlegt, anachronistisch. Bloße Geldvermehrung hat rein gar nichts mit Wertschöpfung zu tun. Die italienische Philosophin Donatella Di Cesare diagnostiziert analog zu den vom grassierenden Virus angerichteten Lungenschäden eine »Atemnot des Kapitalismus«. Die grenzenlose Gier hat den Planeten in Brand gesetzt, Zigmillionen in die Flucht getrieben. Es geht nicht mehr um ein Update des Kapitalismus, nein – es geht um seine Überwindung. Und das nicht irgendwann, sondern jetzt. US-Forscherlegende Dennis L. Meadows, der vor bald einem halben Jahrhundert die »Grenzen des Wachstums« beschrieb, skizziert in diesem Band ein Zukunftsmodell: »Resilienz statt Wachstum, Gerechtigkeit statt Reichtum, Schönheit statt Effizienz, langfristiges Überleben statt kurzfristigen Gewinn«. Visionär wie auch Geologe Daniel Dahm, der in seinem Essay die »wirklich regenerative Wirtschaft« konzipiert: »Für das Lebendige benötigt es einen Ausstieg aus der Natur und Zukunft verbrauchenden Wirtschaft, stattdessen Lebensdienlichkeit im Sinne von Zukunftsfähigkeit, die Sicherung der alltäglichen Bedarfe, die Wiederherstellung der Biogeosphäre und ihrer Kapazitätsreserven.« Das wird auch Verzicht bedeuten, muss es sogar, konkretisiert Ökonom Maxton: Schließung umweltverschmutzender Unternehmen, Beendigung des Flugverkehrs, massive Einschränkung des Autoverkehrs, Umbau der Landwirtschaft – »gleichgültig mit welchen Konsequenzen«. System Change.

Für derlei Progression ist das Denken in Kategorien von Nationalstaaten überholt. Ihre »Grenzen sind die steingewordene Weigerung, miteinander zu sprechen und die andere Seite zu verstehen. Deshalb untermauern Grenzen oft nur schiere Ignoranz und zeugen vom Unvermögen, wahrzunehmen, was jenseits von ihnen tatsächlich vorgeht«, so Ai Weiwei. In der Migrationsfrage weisen die Nationalstaaten ihre Destruktivität besonders erschreckend nach, haben zivilisatorische Errungenschaften wie Humanismus und Aufklärung vollends suspendiert. Für die globalen Herausforderungen mit ihren vielfältigen Interdependenzen vermögen die engen nationalstaatlichen Kategorien keinen Lösungsbeitrag zu leisten. Gefragt ist erkenntnisgeleitete Zusammenarbeit in supranationalen Foren statt egoistischen Machtanspruchs – Governance statt Government. Forscher aller Professionen mahnen dies an, hier im Buch Mojib Latif: »Es geht nur mit Kooperation, auf allen Ebenen.« Auch das ist wissenschaftlich belegt, sogar von einer gänzlich unideologischen Wissenschaft, der Mathematik: Das Londoner »Mathematical Laboratory« hat minutiös nachgewiesen, dass Zusammenarbeit effektiver ist als Konkurrenz. Für alle Beteiligten. Kooperation und Teilen statt Egoismus und Eigennutz.

Nur mit grundlegend neuen globalen Regeln, die ausdrücklich nicht verhandelbar sind, wird es zum Ausgang dieses Jahrhunderts noch Regenwälder, Walhaie, Makrelenschwärme, Orchideen, Monarchfalterwanderungen, Elefantenherden in freier Wildbahn oder Hochmoore geben. Unmittelbar vor dem »Point of no return« stehend, ist »philosophischer Wandel, ein grundlegend neues Bewusstsein des Menschen, die größte Herausforderung dieses Jahrhunderts«, schreibt in diesem Buch sogar ein Staatschef, Fürst Albert II. von Monaco: »Für ein kollektives Bewusstsein, das in mutiges und wirksames Handeln mündet.« Bestärkt wird er darin von Swetlana Alexijewitsch: »Um in der Epoche des Anthropozäns zu überleben, müssen wir andere Menschen werden.« In gleicher Tonalität schockiert an einem lauen Juliabend 2019 auch Regisseur Sellars sein so gar nicht auf Umsturz eingerichtetes Publikum der Salzburger Festspiele, als er zur Premiere von Mozarts »Idomeneo« den Bogen von der historischen Oper zum Klimawandel der Moderne schlägt: »Unser Ziel ist nichts Geringeres als eine neue Zivilisation, in der das imperiale Denken keinen Platz mehr hat, in der das ökologische Bewusstsein die Maxime zu sein hat.« Es ist das, was die junge Generation seit zwei Jahren reklamiert. Und wobei sie mit uns beeindruckend nachsichtig sind: Setzen sie sich doch immer wieder in die nur mäßig unterhaltsamen Talkshows unserer Generation, in Parlamentsausschüsse, in Konferenzen. Das alles tun sie sich an, ohne dass sie bislang auch nur annähernd substanzielle Änderungen erreichen konnten. Damit muss Schluss sein.

Die Menschheit steht an einer Zäsur – was, so wie die Dinge liegen, aber nicht nur für das etablierte Wirtschafts- und Gesellschaftssystem zu gelten hat. Sondern auch für die zivilgesellschaftliche Gegenbewegung. Auch für die »Fridays«. Sie haben mit ihren regelmäßigen Massenaufläufen und Stadtrundgängen, ihrer kontinuierlichen öffentlichen Präsenz, erreicht, was die Klimaforscher über

Jahrzehnte mit ihren Expertisen nicht geschafft haben – dass weite Teile der Gesellschaft endlich anerkennen: Es gibt Klimawandel, er bedroht die Lebensgrundlagen, der Mensch ist der Verursacher. Das ist ein riesiges Verdienst des besonnenen Vorgehens der jungen Protestbewegung. Es ist wohl das, was die langjährige TV-Chefredakteurin Luc Jochimsen in ihrem Essay proklamiert: »Wenn der rationale Mensch sich wieder aufrichtet.« Wir können den Jungen dafür gar nicht genug danken.

Angesichts des destruktiven Beharrungsvermögens unserer Generation ist nun allerdings der nächste Schritt unvermeidlich. Es gibt heute kein Erkenntnisproblem, sondern ausschließlich ein Umsetzungsproblem. Für Amazonas-»Antigone« Kay Sara »ist es nicht das Problem, dass ihr nicht wisst, dass unsere Wälder brennen und unsere Völker sterben. Das Problem ist, dass ihr euch an dieses Wissen gewöhnt habt.« Es ist kein Nicht-Wissen. Es ist Nicht-Wollen. Das haben die zwei Jahre, in denen die »Fridays« den gesellschaftlichen Dialog mit der Eltern- und Großelterngeneration unermüdlich gesucht haben, so eindrucksvoll wie desillusionierend belegt. »Ich glaube nicht, dass politische Führer frei sind. Die wirkliche Regierungsgewalt liegt in den Händen des globalen Finanzkapitals, der institutionalisierten Gier«, bietet Vandana Shiva eine Erklärung, die in ihrem Beitrag zu diesem Band den »Kolonialismus der Konzerne« beschreibt. Und diese Konzerne und ihre regierenden Lobbyisten taugen schlicht nicht länger als Adressaten des Protests. Wandel ist mit ihnen nicht zu gestalten. Sie verweigern sich. Diese »alten weißen Männer« waren Täter. Und sie sind weiter Täter: ob sie auf Flüchtlinge schießen (lassen) oder Kohlekraftwerke starten (lassen). Das ist nicht nur Unterlassung, Wegsehen – das ist aktives Handeln. Die pure Zerstörung. Aller Werte, aller Ressourcen.

Vor diesem Hintergrund ist es unwürdig, was die ignoranten Alten den Jungen zumuten, erkennt auch der britische Philosoph Rupert Read: »Jeden Freitag steht die Generation unserer Kinder auf der Straße mit der elementaren Bitte darum, das man ihnen nicht die Lebensgrundlagen entzieht. Es ist eine Schande für unsere Zivilisation, dass die Kinder überhaupt dazu gezwungen sind.« Mit ihrer Bilanz der Verwüstung und Gleichgültigkeit, ihrer Pandemie der Zerstörung ist die Elterngeneration politisch am Ende, moralisch sowieso. Womit sie unvermeidlich Gegner ist. Mahatma Gandhi hat den Ablauf gesellschaftlicher Kontroversen schon früh beschrieben: »Zuerst ignorieren sie dich, dann lachen sie über dich, dann bekämpfen sie dich.« Auch wenn die »Fridays« es offenbar so gar nicht wollten: Sie werden sich auf die letzte Etappe Gandhis einlassen müssen – auf den Konflikt, den »Clash of Generations«. Die Schonung des Klimas ist wie die Menschenwürde, der bedingungslose Schutz für Fliehende, nicht verhandelbar. Autorin und Aktivistin Hanna Poddig weist in ihrem Essay darauf hin, dass es im Rückblick auf historische Konflikte weitgehend unstrittig ist, dass es zu keiner Zeit »eine Option war, mit den Herrschenden zu verhandeln, dass das Ringen um Freiheit immer eine kontroverse Auseinandersetzung war. Und dass sich die Kämpfenden schwerlich an geltendes Recht halten konnten, wenn sie ihre Ziele erreichen wollten. Die Abschaffung der Sklaverei und das Frauenwahlrecht wurden wahrlich nicht mit den legalen Mitteln ihrer Zeit errungen. Warum aber ist es so schwer, diese Erkenntnis ins Heute mitzunehmen?«

Die Klimabewegung wird flexibler werden, ihre bislang überwiegend symbolischen Aktionsformen ergänzen müssen, wie es die aus jahrzehntelangem Engagement gespeiste Ermutigung »Leistet Widerstand!« von Beate Klarsfeld, die weltweit Nazi-Täter jagt, in diesem Band empfiehlt: »Ich habe die Erfahrung gemacht, dass man immer wieder neu über die Form des Engagements entscheiden muss, die in diesem Moment geeignet ist: Mal ist es das Protestschild, mal die eingeworfene Fensterscheibe. Und in unserem Fall war auch die Entführung der bis dato unbehelligten Mörder legitim.« Der Ozeanbeauftragte der Vereinten Nationen, Peter Thomson, hat das unablässige Vertagen von Maßnahmen gegen den Klimawandel in der Staatengemeinschaft mit der »Appeasement-Politik« vor dem Zweiten Weltkrieg verglichen. Das ständige Beschwichtigen, das stete Nachgeben gegenüber dem Aggressor. Die modernen Aggressoren meucheln Indigene, brandroden den Regenwald, verursachen das Artensterben, setzen Kohle- wie Atomkraftwerke in Betrieb, machen Äcker und Tiere zum industriellen Komplex, konzipieren Internierungslager für Geflüchtete. Moderne Aggressoren sind auch die, die für all das die amtlichen Genehmigungen erteilen: »Politiker versuchen Deals zu abschließen. Wir aber müssen anfangen, wie in einem Kriegszustand zu denken«, sagt UN-Mann Thomson. Für die Menschen, die von Dürren und Fluten konkret betroffen sind, bestehen diese Kriegszustände längst. Für die Zigmillionen auf der Flucht, für die Natur und die vielen vom Homo Sapiens niedergemetzelten Kreaturen ohnehin. An jedem neuen Tag.

Derweil machen sich einzelne, von den Medien auffällig protegierte »Fridays«-Aktivisten aus der Ersten Welt vermehrt zur Dekoration von Marketing-Inszenierungen der Regierenden, der Täter. In Deutschland kann es einigen von ihnen, noch nicht einmal 20 Jahre alt, gar nicht schnell genug gehen, anzukommen – wenn sie von den »alten weißen Männern« ganz unverhohlen einen warmen, reichhaltig dotierten Sitz im Parlament erbitten. Und das auch noch als »Professionalisierung« verbrämen. Es ist wohl kein Zufall, dass genau diese »Fridays«-Vertreter sorgsam darauf achten, den rein appellativen Charakter der Bewegung beizubehalten – »massentaugliche Familienveranstaltungen«, wie sie es selbst nennen. Appeasement – mit dem die Aggressoren gut leben können. Es stellt die Täter nicht in Frage, ihre Herrschaft, ihre Macht. Womit sich Geschichte wiederholt: In Zeiten des Klimawandels ist weiter gültig, was vor bald einem halben Jahrhundert

Robert Jungk »Atomstaat« nannte und Johan Galtung als »strukturelle Gewalt« beschrieben hat. Philosoph Günther Anders begann – als selbst nach dem Tschernobyl-GAU die Nukleartechnologie fortlaufend weiter ausgebaut wurde – laut über zivilgesellschaftliche Notwehr nachzudenken. Auch damals waren Hunderttausende auf den Straßen. Manifestationen, die schließlich zu Happenings verkamen. »Schein-Aktionen, Volksfeste«, so Anders. Verleger Hans-Helmut Röhring erkannte in diesen systemkompatiblen Protesten eine »Verformung zur Ventilfunktion, die keine Herrschaft bedroht und nichts bewirkt«, vielmehr regelrecht zum »Herrschaftsinstrument verkommt«. Parallelen zur heutigen Klimabewegung sind offenkundig, wenn dieser Tage Feuilletonist Thomas Steinfeld, bislang nicht durch revolutionäre Umtriebe auffällig geworden, treffend auf ein »weit verbreitetes Missverständnis« verweist: »Es besteht darin, das Reden von der Katastrophe bereits für den Widerstand gegen die Katastrophe zu halten.« Damit beschreibt Steinfeld die vitale Gefahr für die Jugendbewegung, wenn diese es weiter bei Fototerminen mit Regierung- und Konzernchefs und »massentauglichen Familienveranstaltungen« belässt. Günther Anders plädierte in der Atom-Kontroverse für die bewusste Zuspitzung des gesellschaftlichen Konflikts, eben den »Clash«, um »diejenigen, die die Macht innehaben und uns bedrohen, einzuschüchtern«. Angesichts der existenziellen Herausforderungen muss es jetzt um nichts weniger als die Zerschlagung des Systems gehen. Darum, das stoische profitgetriebene Weiter-So der Eltern- und Großelterngeneration – der Regierenden, der Profiteure, der vielen Ohne-Michs – ganz konkret zu unterbrechen. Ihr illegitimer Politik-, Wirtschafts- und Lebensstil der Zerstörung und Plünderung muss sabotiert werden. Schluss mit Symbolik: Seid Zucker im Tank, Sand im Getriebe. Ende Gelände. Massenhaft. Vom Protest zur Revolte.

Die Ersten haben sich bereits auf diesen Weg gemacht: besetzen Kohlekraftwerke, verhindern Rodungen, reißen

Grenzanlagen nieder, setzen Geflüchtete in Europas Häfen ab, sabotieren fossile Infrastruktur, blockieren das Auslaufen von Kreuzfahrtschiffen und unsere freie Fahrt in den Feierabend. Richtig so. Und sie können sich umfassend legitimiert fühlen zu derlei Notwehrmaßnahmen im Sinne Günther Anders': Nicht einmal die ehemalige Generalsekretärin der UN-Klimarahmenkonvention, Christiana Figueres, will die Klimapolitik weiter den Regierungen überlassen. Sie hat in langjähriger Verhandlungsdiplomatie erkannt, dass »die gewählte Politik es versäumt, sich der Herausforderung zu stellen«. Und fordert ausdrücklich zum zivilen Ungehorsam auf. »Wir gucken uns die Windmühlen nicht nur aus der Ferne an, wir haben sie längst angegriffen«, gibt Flüchtlingskapitän Beigui die Richtung vor – und wird von Donatella Di Cesare bestärkt, die im Epilog dieses Bandes zuspitzt: »Wer zivilen Ungehorsam leistet, verletzt das Gesetz nicht – er fordert es heraus. Im Namen eines höheren Gesetzes, einer verratenen Verfassung.« Was selbstverständlich auch für uns Alte gelten muss. Es ist unsere Pflicht, uns aktiv an die Seite der Revolte unserer Kinder und Kindeskinder zu stellen. Umfassend solidarisch. Engagierte Kulturevents sind schön, das Zerstören stoppen sie keineswegs. Auch Onlinepetitionen reichen nicht, sie waren das Mittel von gestern. Unterschriftenlisten ebenfalls nicht, sie sind von vorgestern. Repräsentativen Umfragen zufolge erachten in Deutschland 23 Prozent der Menschen die Besetzung von Industrieanlagen für »gerechtfertigt«, 34 Prozent sind es bei Straßenblockaden. Auf was warten wir?!

Schon Résistance-Veteran Stéphane Hessel hat den »Gegensatz zwischen militanten Pionieren des Widerstands und der passiven Masse« benannt: »Höchstens 10 bis 20 Prozent der Menschen bewegen sich wirklich, um etwas Neues zustande zu bringen, und die anderen laufen dann eben mit.« Und der Plot dafür ist schon abrufbar, zeitgemäß bei Netflix: »Wir stellen alles in Frage. Weil es höchste Zeit dafür ist. Und wenn wir euch damit Angst machen: umso besser. Ihr hattet alle genug Zeit – und habt sie verschwendet«, heißt es im Anfangsmonolog des Films »Wir sind die Welle« über eine Gruppe junger Aktivistinnen und Aktivisten, die zu dem Schluss kommen: »Wir werden die Welt nicht verändern, indem wir uns an die Regeln halten.« Oder mit »Antigone« Kay Sara: »Lasst uns Widerstand leisten, lasst uns Menschen sein.«

II. Final Century?!

Die Herausforderungen des 21. Jahrhunderts

Wer wir waren

Wir stehen vor einem neuen Imperativ,
der uns abverlangt,
uns zu vergegenwärtigen im Wortsinn:
hier zu sein, in dieser Zeit anzukommen –
nicht in der Ferne der Displays,
nicht auf den Modulen unserer ausgelagerten Intelligenz,
nicht in den virtuellen Universen,
nicht in der digitalen Parallelwelt des Sozialen,
die sich vor die Realität dieses sozialen Asozialen schiebt,
sondern in jener praktischen Welt,
in der die Frage nach dem Überleben
aller gerade neu gestellt wird.

ROGER WILLEMSEN, 2015

Swetlana Alexijewitsch

Von der Banalität des Schreckens — oder: Die Niederlage des rationalen Menschen

Wir haben heute nicht nur die gleichen Smartphones in der Tasche. Uns eint deutlich mehr – die gleichen Ängste und Illusionen, die gleichen Verlockungen und Enttäuschungen. Und uns alle erschreckt, dass das Böse immer raffinierter und unbegreiflicher wird. Wir können nicht mehr wie die Helden Tschechows ausrufen, in hundert Jahren würde der Himmel voller Diamanten und der Mensch wunderbar sein. Diese Zukunft haben wir verloren. Die Mitschurinsche Formel »Wir können von der Natur keine Almosen erwarten, unsere Aufgabe ist es, sie ihr zu entreißen« ist widerlegt. Und so braucht die Welt des 21. Jahrhunderts einen humanitären Menschen mit einer anderen Philosophie: der die Natur nicht als einen Selbstbedienungsladen ansieht und als ein Fass ohne Boden, sondern sich zu ihr verhält wie zu einem lebenden Wesen. Der sich selbst nicht als Herrscher, als Zar über die Natur betrachtet, sondern sich als einen Teil dieser Natur begreift. Als einen kleinen, ziemlich hilflosen Teil.

In meinen Büchern erzählt der »kleine Mensch«, das Sandkorn der Geschichte. Er wird sonst nie gefragt, er verschwindet spurlos, er nimmt seine Geheimnisse mit ins Grab. Es ist unendlich schade, wie vieles ins Nichts gesagt, geflüstert, geschrien wird. Ich höre denen zu, die keine Stimme haben. Ich höre sie an, belausche sie. Flaubert sagte von sich, er sei »ein Mensch der Feder«, ich bin ein

Mensch des Ohres. Die Straße ist für mich ein Chor, eine Sinfonie. Meine Aufzeichnungen habe ich in Wohnungen und in Dorfhütten gemacht, auf der Straße, in Cafés und im Zug. Im Frieden und im Krieg. Und in Tschernobyl.

Ich danke allen meinen Helden, die ihr Geheimnis mit mir geteilt, mir ihr Leben erzählt haben. Viele von ihnen leben nicht mehr. Ihre Stimmen aber bleiben. Sie dokumentieren, dass wir mit der Explosion in Tschernobyl in einer Nacht an einen neuen Ort der Geschichte gelangten. Wir sprangen in eine neue Realität, und diese übersteigt bis heute nicht nur unser Wissen, sondern auch unsere Einbildungskraft. Ich fuhr seinerzeit hin: Auf dem Reaktorgelände liefen Männer mit Maschinenpistolen herum, standen einsatzbereite Militärhubschrauber. Niemand wusste, was tun, aber alle waren ohne zu zögern bereit zu sterben. Die Feuerwehrleute, die in der ersten Nacht das Feuer bekämpft hatten, starben einer nach dem anderen. Ein Atomreaktor brannte, sie aber wurden gerufen wie zu einem ganz normalen Einsatz, sie hatten nicht einmal Schutzkleidung dabei. Sie bekamen Strahlendosen ab, die mehr als hundertfach über der Norm lagen. Tödliche Dosen. Die Ärzte ließen die weinenden Ehefrauen nicht zu ihnen: »Nicht nahe rangehen! Nicht küssen! Nicht streicheln! Das ist nicht mehr der geliebte Mensch, das ist ein strahlenverseuchtes Objekt.« Dagegen verblassen Shakespeare und Dante. Wenn die Frage ist: Zu ihm gehen oder nicht? Küssen oder nicht küssen? Eine meiner Interviewpartnerinnen (sie war schwanger) ging zu ihrem Mann und küsste ihn, ließ ihn bis zu seinem Tod nicht im Stich. Dafür bezahlte sie mit ihrer Gesundheit und dem Leben ihres Kindes. In einem Umkreis von dreißig Kilometern um das Kraftwerk in Tschernobyl herum verließen Zigtausende Menschen ihre Häuser – für immer. Volle Busse und eine Stille wie auf einem Friedhof. Um die Busse drängten sich Haustiere – Hunde, Katzen. Sie wurden zurückgelassen. Die Menschen wagten nicht, ihnen in die Augen zu sehen: »Unserem geliebten Hund

Scharik haben wir einen Zettel dagelassen: ›Verzeih uns, Scharik!‹« Die Vögel am Himmel, die Tiere im Wald – wir haben sie verraten. Es ist die Banalität des Schreckens.

In der Nähe von Tschernobyl begann jeder zu philosophieren. Die Kirchen füllten sich wieder, mit Gläubigen und Atheisten. Alle suchten nach Antworten, die Physik und Mathematik nicht geben konnten. Die Grenzen der dreidimensionalen Welt verschwammen, grell war die Unendlichkeit aufgeleuchtet. Philosophen und Schriftsteller verstummten, aus der gewohnten Bahn von Kultur und Tradition geworfen. Der Vor-Tschernobyl-Mensch wurde zum Tschernobyl-Menschen. Der etwas völlig Neues, Unmenschliches tut: Er begräbt Erde in der Erde, versenkt heute verseuchte Erdschichten in speziellen Betonbunkern, mitsamt allem, was darin lebt: Käfer, Spinnen, Larven. Die Welt dieses Tschernobyl-Menschen ist bereits eine andere. Die Natur hat über ihn gesiegt. In diesem ungleichen Kampf.

In Tschernobyl fühlte ich mich wie eine Chronistin der Zukunft: In dieser wird unsere Zivilisation vom Kampf zwischen Mensch und Natur geprägt sein. Die ersten Zeichen waren Tschernobyl, dann Fukushima. Weitere sind unübersehbar: Klimawandel, Artensterben, die Verseuchung der Meere, die schier endlosen Elendstrecks Geflüchteter.

Es ist die Niederlage des rationalen Menschen: Denn alles hat sich verändert. Bis auf uns! Wir möchten Tschernobyl, Artensterben und all das vergessen, weil unser Bewusstsein davor kapituliert. Eine Katastrophe des Bewusstseins: Die Welt unserer Werte ist explodiert. Die Realität entgleitet, der Mensch kann sie nicht mehr erfassen. »Der Mensch ist fließend«, schrieb Tolstoi, alles hinge davon ab, was in ihm die Oberhand gewinne. Der Mensch trägt die Verantwortung für sein Leben, sein Handeln, auch sein Unterlassen. Vor der Revolution von 1917 schrieb Alexander Grin treffend: »Die Zukunft ist nicht mehr an ihrem Platz.«

Die Welt um uns herum, einst uns so gefügig und freundlich gesinnt, flößt nun Angst ein. In Tschernobyl sagten sie mir: »Die Sonne scheint, kein Rauch, kein Gas. Es wird nicht geschossen. Und trotzdem sind wir Flüchtlinge.« Es wird viele Millionen Flüchtlinge mehr geben, ganze Karawanen. Deshalb müssen wir schon heute lernen, mit anderen zu leben, und verstehen, dass wir alle in einem kleinen Boot sitzen. Es geht um alles, die Existenz: Um in der Epoche des Anthropozäns zu überleben, müssen wir andere Menschen werden.

Martin Rees

Kollektives Versagen — oder: Wie wir das Buch des Lebens vernichten, bevor wir es gelesen haben

Ein starkes Bild erzielt oftmals mehr Wirkung als tausend Worte – wie das vom Albatros in der von Naturforscher David Attenborough moderierten BBC-Serie »Unser blauer Planet II«. Der stolze Vogel kehrte nach Tausenden Meilen Flug auf der Suche nach Futter in den Ozeanen des Südens zu seinem Nest zurück. Und brachte seinen Jungen nicht den sehnsüchtig erwarteten, nahrhaften Fisch – sondern Plastik. Ebenso eindrucksvoll, für das Phänomen des Klimawandels, ist das regelrecht ikonische Bild des Eisbären, der sich an eine schmelzende Eisscholle klammert. Es sind Szenen wie diese, die genau die Aufmerksamkeit erregen, die wir brauchen, damit Politik unter Handlungsdruck gerät. Es ist unbestritten, dass der Klimawandel die größte und nachhaltigste Bedrohung der Umwelt ist. Und unserer Zivilisation. Es ist Konsens, dass *business as usual* – wie die Fortschreibung unserer Abhängigkeit von fossilen Brennstoffen – eine katastrophale Erwärmung der Erde mit sich bringen wird und das Schmelzen der grönländischen Eiskappe eine ihrer Folgen sein wird. Doch trotz alledem zeichnen sich die Staaten, ihre Regierungen, noch immer durch Untätigkeit aus: Warum ist das so? Weil Politiker sich nur für ihre Wähler interessieren, für ihre Wähler bei der nächsten Wahl. Die Probleme sollen doch kommende Generationen lösen.

Dabei ist die Politik jetzt mehr denn je gefragt: Sofortiges Handeln tut not – es gilt, eine irreversible Entwicklung zu stoppen. Wir alle sind es, die das Ökosystem der Welt beeinflussen. Derzeit vernichten wir das Buch des Lebens, bevor wir es gelesen haben. Um es mit den Worten des Biologen Edward O. Wilson, eines der Initiatoren der »Enzyklopädie des Lebens«, zu sagen: »Wenn menschliches Handeln zur Massenvernichtung führt, begeht der Mensch die Sünde, die kommende Generationen ihm am wenigsten nachsehen werden.« Wir leben derzeit im ersten Jahrhundert von 45 Millionen Jahrhunderten irdischer Existenz, in dem eine – unsere – Spezies allein über die Zukunft der Erde entscheiden kann. Entsprechend habe ich schon vor bald 20 Jahren die Frage nach dem »Final Century« gestellt.

Für die Europäer des Mittelalters umfasste der gesamte Kosmos, von der Schöpfung bis zur Apokalypse, nur wenige Tausend Jahre. Der Planet war weitgehend *terra incognita*. Trotz ihres räumlich wie zeitlich beschränkten Horizonts hinterließen sie uns ein visionäres Vermächtnis: Steinmetze errichteten Kathedralen, setzten Ziegel auf Ziegel für gigantische Bauten, die ein ganzes Jahrhundert zur Fertigstellung brauchten und die uns heute, knapp ein Jahrtausend später, immer noch faszinieren. Wir Menschen haben die Erde kartografiert. Planeten identifiziert, die in weiter Ferne liegen. Und wir wissen heute, dass sich Vergangenheit und Zukunft unseres Kosmos in Milliarden Jahren messen. Ob dieser enormen Weitsicht – in Zeit und Raum – ist es paradox, dass wir gleichsam in immer kleineren Dimensionen denken. Denn obwohl wir die Umwelt immer besser verstehen und sie sogar steuern können, reicht unser Planungshorizont selten über ein oder zwei Jahrzehnte hinaus. Wie bei der Entsorgung radioaktiver Abfälle – da gibt es keinen politischen Rabatt: Die tief in der Erde angelegten Lager im finnischen Onkalo und anderswo müssen zehntausend oder Millionen Jahre ohne Leckagen überdauern. Welch' Ironie, sind wir doch nicht einmal in der Lage, die sonstige Energiepolitik über einen Zeitraum von dreißig Jahren zu planen.

Die Zerstörung der Umwelt, ungebremster Klimawandel und die unbeabsichtigten Folgen moderner Technik sind ein katastrophaler Rückschlag für die Gesellschaft – es ist das kollektive Versagen in den letzten Dekaden. Ohne eine breitere Perspektive, ohne die Akzeptanz, dass wir auf dieser menschenvollen Erde zusammen(!)leben, werden die Regierungen den politisch langfristig relevanten Herausforderungen nicht mit der Priorität begegnen, die ihnen gebührt. Die Sorge um künftige Generationen – wie auch um die Menschen in den ärmeren Teilen der Welt, die der Brundtland-Bericht der Vereinten Nationen bereits 1987 zu Recht im Blick hatte – rutscht immer tiefer auf der Tagesordnung. Das Problem beim Versuch, den schlimmsten Klimaszenarien zu begegnen, den CO_2-Ausstoß zu mindern oder durch eine Kohlenstoffsteuer abzufedern, ist, dass die entsprechenden Maßnahmen Jahrzehnte in die Zukunft weisen und überdies von globaler Reichweite sein müssen.

Das Gebot, frühzeitig zu handeln, ist noch überzeugender, wenn wir in unseren Berechnungen die Chancen der Kinder von heute, die im Jahr 2100 vermutlich noch leben werden, wertmäßig genauso ansetzen wie unseren eigenen Wert. Das Wohlergehen zukünftiger Generationen steht heute auf dem Spiel. Gern wird behauptet, man warte weiter ab, da ja möglicherweise eine technische Lösung gefunden werde, die alle unmittelbar ergriffenen Maßnahmen wertlos mache. Natürlich müssen wir aufgeschlossen in die Zukunft blicken, uns auch Fortschritt und Wandel öffnen, gegenüber Neuerungen, die uns heute gelegentlich noch als Science-Fiction erscheinen mögen. Vor grad mal zwanzig Jahren erschienen uns Smartphones, das Internet und alles, was in unserem vernetzten Leben heute so essenziell ist, ebenso als Wunder. Doch derweil rast das »Raumschiff Erde« weiter durch die Leere. Seine lebenserhaltenden Maßnahmen sind anfällig für

Störungen und Ausfälle. Die Passagiere sind nervös und gereizt. Und sie haben keine Pläne, blicken nicht Richtung Horizont, ignorieren vielmehr langfristige Risiken. Wir sollten uns schämen, künftigen Generationen eine so erschöpfte und gefährliche Welt zu hinterlassen.

Der Weltklimarat mahnt uns beständig, dass wir jetzt handeln müssen. Und ebenso wie die Wissenschaft sind auch die Weltreligionen wichtige Advokaten der überlebenswichtigen langfristigen Perspektive. So enthält die Enzyklika »Laudato si'« aus dem Jahr 2015 eine eindeutige päpstliche Würdigung der Franziskaner-Lehre, nach der die Natur einen eigenen Wert hat, unabhängig von den Vorteilen, die der Mensch aus ihr zieht. Die Katholische Kirche überwindet politische Gräben, hat globale Reichweite, nachhaltige und langfristige Visionen, zudem den Fokus auf die Armen der Welt. Die Enzyklika hatte denn auch großen Einfluss darauf, dass beim Pariser Klimagipfel 2015 ein globaler Konsens entstanden ist. Und ebenso positiv ist der zunehmende Druck durch die Jugend der Welt. Sie hofft, das Ende des Jahrhunderts noch zu erleben. Sie verdient eine bessere Zukunft. Ihr Engagement wird bestärkt durch die vor mehr als vierzig Jahren verstorbene Anthropologin Margaret Mead: »Zweifelt nicht, dass eine kleine Gruppe reflektierender, engagierter Menschen die Welt verändern kann. Wenn sie überhaupt je verändert wurde, dann durch sie.«

Dennis L. Meadows

Langfristig überleben statt kurzfristig gewinnen — Vom Wachstum zur Resilienz

Die Menschheit ist zunehmend besorgt angesichts der Folgen ihres Handelns für das Klima. Umgekehrt gilt das nicht: Das Klima reflektiert nicht mit Sorge seinen Einfluss auf die Menschheit. Der Klimawandel unterliegt vielmehr einer eigenen Dynamik. Er wird sich fortsetzen in den kommenden Jahrhunderten – gleichgültig, welche Vorgaben wir festschreiben, und unabhängig davon, wie wir agieren. Keiner der zahlreichen Beschlüsse, die wir fassten, keines der vielen Abkommen, die wir trafen, konnte die drastischen klimatischen Veränderungen stoppen, die die endogenen Wendepunkte des Klimasystems auslösten und deren Folgen wir schon heute spüren.

Auch in der Vergangenheit kam es immer wieder zu fundamentalen Veränderungen des Weltklimas. Dennoch ist die gegenwärtige Situation insofern besonders, als sich der Wandel mit enormer Geschwindigkeit vollzieht und in hohem Maß anthropogen – vom Menschen verursacht – ist. Eine derartige Situation gab es nie zuvor in der Menschheitsgeschichte. Und sie wird massive Konsequenzen für das Wesen der menschlichen Gesellschaft und ihre wirtschaftlichen Aktivitäten haben. Eine CO_2-Konzentration von 400 ppm registrierte man zuletzt im Pliozän – vor etwa drei Millionen Jahren. Der Meeresspiegel lag damals zwanzig Meter über dem heutigen Pegel. Die historische Erfahrung unserer Spezies liefert uns also kaum Anhaltspunkte für eine Strategie in diesen existenziellen Zeiten.

Eine Diskussion, die ich kürzlich mit einem Freund führte, illustriert die Konfusion, die wir heute erleben. »Wir müssen den Planeten retten!«, forderte er. »Nein«, antwortete ich, »das müssen wir nicht. Der Planet wird sich selbst retten.« Das tat er schon mehrfach in der Vergangenheit, und er wird es wieder tun, auch wenn es viele Millionen Jahre dauert. Wir sollten uns vielmehr auf das Wesentliche konzentrieren und die globale humane Gesellschaft retten. Gewiss, wir erkennen an, dass keine Spezies auf diesem Planeten ewig überlebt hat, doch scheinen wir, der Homo sapiens, unsere dominante Stellung auf der Weltbühne nicht freiwillig aufgeben zu wollen. 135 Millionen Jahre lang beherrschten Dinosaurier die Erde, dagegen existiert der Homo sapiens erst seit etwa 200.000 Jahren. Wird er weitere Hunderttausende von Jahren leben? Vielleicht, wenn wir denn eine realistischere Einschätzung unserer Zukunftsoptionen vornehmen.

Fossile Aufzeichnungen belegen fünf Phasen des Massensterbens in der Erdgeschichte. Die dritte und schwerste von ihnen datiert auf die Zeit des Perm vor ungefähr 250 Millionen Jahren: 70 Prozent der landgebundenen und 95 Prozent der Organismen im Meer wurden damals ausgelöscht. Unser Handeln könnte zu einem sechsten Massenaussterben führen. Vermutlich werden die Konsequenzen für die Artenvielfalt auf der Erde weniger katastrophal sein als im Perm, doch die sich daraus entwickelnde Gesellschaft wird deutlich anders gestaltet sein als die heutige. Wir werden mit Sicherheit die Fundamente der modernen Industriegesellschaft aufgeben müssen, die Weltbevölkerung wird schrumpfen. Gleichwohl dürfen wir hoffen, dass unsere Spezies Bestand hat, denn der Homo sapiens hat sich als ausgesprochen resilient – widerstandsfähig – erwiesen. Die Pestepidemien des 14. Jahrhunderts reduzierten die Bevölkerung Europas innerhalb weniger Jahre um 30 bis 60 Prozent. Doch die

Europäer erholten sich und erstarkten sogar. Wir können den Veränderungen nicht ausweichen, doch wir können uns anpassen – die Renaissance manifestierte sich radikal anders als das düstere Mittelalter. Der Übergang war traumatisch, doch der Mensch überlebte.

Das Klima ist nicht der einzige wichtige Faktor, der die Transition in die Zukunft prägen wird. Als Folge des enormen Bevölkerungs- und Wirtschaftswachstums wird Trinkwasser knapp, fruchtbare Böden versinken im Meer. Stoffe, die für eine hochtechnologische Wirtschaft unverzichtbar sind, gehen zur Neige. Relativ preiswerte Energieträger stehen in immer geringerem Umfang zur Verfügung. Physische Expansion ist keine Option mehr, wir müssen eine praktikablere Lösung finden.

Der Blick auf die Möglichkeiten, die uns noch bleiben, offenbart, dass der Klimawandel letztlich ein Symptom ist, und als solches müssen wir ihn begreifen. Das Grundproblem besteht darin, dass die Weltbevölkerung, der Energieverbrauch und die Stoffströme weit über das für unseren endlichen Planeten erträgliche Niveau hinaus gewachsen sind. Da es uns nicht gelang, die Belastung für die Erde durch proaktiven sozialen Wandel zu mindern, werden – und das ist keine ferne Perspektive – die »Kräfte der Natur« walten. Bis 2100 werden Bevölkerungszahlen, Energieverbrauch und der Einsatz natürlicher Ressourcen weit unter den heutigen Level sinken.

Vor fünfzig Jahren stellte sich die Zukunft unserer Spezies noch ganz anders dar: 1972 publizierten wir unter dem Titel »Die Grenzen des Wachstums« einen populärwissenschaftlichen Bericht über unser MIT-Forschungsprojekt zu den langfristigen Perspektiven für die menschliche Gesellschaft. Wir befürworteten damals drastische Maßnahmen zur Beschränkung des physischen Wachstums auf der Erde. Seitdem hat sich die Weltbevölkerung verdoppelt, der Primärenergieverbrauch stieg um das Zweieinhalbfache, der Verbrauch natürlicher Ressourcen erhöhte sich um etwa das Dreifache. Das globale Bruttoinlandsprodukt beträgt heute ein Sechsfaches des Wertes im Erscheinungsjahr des Reports.

In zahlreichen Computerprojektionen veranschaulichten wir die Entwicklung bis ins Jahr 2100 und zeigten auf, wie die globale Gesellschaft mittels diverser proaktiver kultureller, technischer und ökonomischer Veränderungen noch mindestens ein weiteres Jahrhundert im Gleichgewicht mit der Natur leben könnte. Doch nichts änderte sich, das Wachstum setzte sich weit über die Belastbarkeitsgrenze des Planeten hinaus fort. Und heute sind wir konfrontiert mit einem unvermeidlichen Rückbau, der erforderlich ist, damit sich unsere Ansprüche an die Erde wieder nachhaltig gestalten. Die Regression hat bereits begonnen, und sie beschleunigt sich. Doch ein Zurück muss keine Katastrophe sein. Es können zu jeder Zeit Maßnahmen ergriffen werden, um eine bessere Zukunft zu bauen.

Donella Meadows brachte als Hauptautorin der »Grenzen des Wachstums« diese Wahrheit mit einer Aussage auf den Punkt, die an der Tür ihres Büros zu lesen war: »Wenn ich wüsste, dass die Erde morgen endet, würde ich heute einen Baum pflanzen.« Palliative Programme sind nützlich und beruhigend. Das Grundproblem lösen sie jedoch nicht. Um tatsächlich eine Lösung zu erreichen, müssen wir den ökologischen Fußabdruck der Menschheit auf dem Planeten deutlich reduzieren und die Aktivitäten einstellen, die uns ins sechste Massenaussterben führen. Neue Technologien sind hilfreich, wo sie uns ein wenig mehr Zeit geben, die notwendigen Veränderungen vorzunehmen. Wirtschaftspolitische Initiativen können ähnlich hilfreich sein. Doch das allein wird nicht genügen. Wir brauchen keine neuen Instrumente, sondern neue Ziele.

Vergessen wir also das Ziel der »nachhaltigen Entwicklung«, das schon immer ein Oxymoron war und – von Politikern und Ökonomen weichgespült – zunehmend unglaubwürdig wurde. Richten wir unser Denken neu aus und engagieren wir uns für eine »resiliente Entwicklung«, die unsere Sozialsysteme viel besser in die Lage versetzt, die unvermeidlichen Schocks zu absorbieren und wesentliche Funktionen zur Erfüllung der wichtigsten menschlichen Bedürfnisse weiterhin zu gewährleisten.

Unsere Spezies kann sich in zweifacher Hinsicht an die sich verändernde Umwelt anpassen: biologisch und kulturell. Biologische Anpassung vollzieht sich langsam. Es dauert über einhundert Generationen, bis eine vorteilhafte Genmutation die gesamte Spezies erfasst. Die Biologie wird uns so bei der Anpassung an den Klimawandel keine Hilfe sein. Kulturelle Veränderungen können dagegen schnell erfolgen. Hoffen wir, dass sie schnell genug realisiert werden.

Damit die humane Gesellschaft bestehen kann, müssen wir kulturelle Sitten entwickeln, die ein Leben mit wesentlich geringerer Bevölkerung, reduziertem Materialeinsatz und weniger Energie erlauben. Dabei setzen wir auf Resilienz statt Wachstum, auf Gerechtigkeit statt Reichtum, auf Schönheit statt Effizienz, auf langfristiges Überleben statt kurzfristigen Gewinn.

Wir verfügen über die Werkzeuge, die diese neuen Sitten bedingen. Ihre Anwendung erfordert langen Atem – in diesen existenziellen Zeiten.

Vandana Shiva

Der Kolonialismus der Konzerne

Das Dokument, das die »Weltorganisation für geistiges Eigentum« am 26. März 2020 unter der Nummer WO 2020/060606 veröffentlicht hat, kommt einzigartig unspektakulär daher – doch es ist geeignet, nichts weniger als das Mensch-Sein dramatisch zu verändern. Indem es uns unserer Autonomie, unserer Souveränität, der Kontrolle über unseren Körper und unseren Geist berauben kann. Der Räuber ist der Tech-Gigant Microsoft, Inhaber des Patents WO 2020/060606. Mittels eines noch nicht genauer beschriebenen Geräts, möglicherweise ähnlich einem der gängigen Fitnessarmbänder, will Microsoft perspektivisch auf nahezu alle Daten der körperlichen Aktivität von Menschen zugreifen können: von der Hirnaktivität, der Bewegung von Organen bis zur Pulsfrequenz. Für diese ureigensten Daten offeriert die Datenkrake ein Honorar in Kryptowährung.

Das neue Patent ist die Eskalation der Biopiraterie multinationaler Konzerne, die bereits Organismen und Saatgut raubkopiert und gentechnisch manipuliert haben. Nun geht es unter dem Titel »Cryptocurrency System Using Body Activity Data« darum, das Eigentum an unseren Körpern und unserem Verstand zu beanspruchen, um so auch unseren Geist zu kolonialisieren. Es ist der Kolonialismus des 21. Jahrhunderts. Wie vor einem halben Jahrtausend Kolonisatoren sich Land und Ressourcen angeeignet haben, sollen nun wir der nächste Rohstoff sein. Dabei sind wir die Erde, wir sind biologische Vielfalt: Mitglieder einer miteinander vernetzten Erdenfamilie – souverän, autonom, verbunden durch Atem und Luft, Nahrung und Wasser, Leben und Intelligenz. Die Patentierung all dieses Lebens ist Piraterie, Diebstahl. Patente sind die Versklavung des Lebens. Primitiver Antrieb all derer, die diesen Krieg gegen die Zivilisation und den Planeten führen, ist: Profit. Jene Gier, die die Menschheit immer weiter in die Katastrophe führt und die sich nur aufrechterhalten lässt, wenn die Ausbeutung stetig gesteigert wird. Diese lässt uns inzwischen in einen Abgrund des Aussterbens blicken: Dem Weltbiodiversitätsrat zufolge sind rund eine Million Arten kurzfristig bedroht, rund die Hälfte aller Korallenriffe bereits unwiederbringlich verschwunden, in den letzten drei Jahrzehnten wurden mehr als 130 Millionen Hektar tropischer Regenwald abgeholzt. Allein der Verlust von Bestäuberinsekten bedroht die Nahrungsmittelproduktion im Wert von bis zu einer halben Billion Dollar jedes Jahr, so die Vereinten Nationen. Überdies sei die Lebensgrundlage von 300 Millionen Menschen durch die Zerstörung von Küstenräumen gefährdet. Nahezu ein Viertel der Landfläche des Planeten gilt als heruntergewirtschaftet, nicht mehr nutzbar. Selbst US-Kolumnist Thomas L. Friedman, lange Anhänger der Ideologie des grenzenlosen Wachstums, gibt sich nachdenklich: »Was ist, wenn die Krise uns sagt, dass das ganze Wirtschaftsmodell, das wir in den letzten fünfzig Jahren geschaffen haben, ökologisch und ökonomisch unhaltbar ist?«

In der Tat: Dieser fortgesetzte Krieg gegen die Erde ist unhaltbar. Er wurzelt in einer Ökonomie, die keine ökologischen und ethischen Grenzen anerkennt. So ist die globale Privatwirtschaft, die immer noch unbeschränkt die Ideologie des unbegrenzten Wachstums verfolgt, zu einer permanenten Kriegswirtschaft geworden, im Krieg mit dem Planeten und seinen Bewohnern. Ein Krieg, bei dem sie Massenvernichtungswaffen zum Einsatz bringt wie aufoktroyierte Freihandelsabkommen, die u.a. industrielle Produktionsweisen in der Landwirtschaft unter Einsatz von Giftstoffen und Gentechnologie erzwingen. Das tötet Millionen Menschen in Friedenszeiten, ihnen werden Nahrung und Wasser geraubt, ihre Lebenswelt wird vergiftet. Schriftsteller Rabindranath Tagore wusste bereits vor knapp hundert Jahren, 1922, in seinem Essay »The Robbery of the Soil«: »Die Versuchung eines maßlos hohen Lebensstandards, der einst nur einem kleinen Teil der Gesellschaft vorbehalten war, verbreitet sich zusehends. Es ist verheerend für jede Zivilisation, wenn sie gegenüber dieser ansteckenden Genusssucht blind ist und ihr keine Grenzen setzt.« Dabei ist der Mensch lediglich Teil der Natur, nicht ihr Herr oder Besitzer. Werden wir zulassen, dass unsere Menschheit durch die grenzenlose Giermaschine ausgelöscht wird?

Wir haben das Zeitalter des Holozäns verlassen, das vor zehntausend Jahren am Ende des Pleistozäns begann. Ein Zeitalter, das ein stabiles Klima bot, uns so die Grundbedingungen für die geistige und körperliche Evolution als menschliche Gattung gewährte. Nun sind ausgerechnet wir Menschen zum einflussreichsten Faktor auf der Erde geworden. Klimawandel und Artensterben werden maßgeblich durch menschliche Tätigkeit verursacht, durch unseren außerordentlich großen ökologischen Fußabdruck. Die chemischen, urbanen und atomaren Folgen unserer Lebensweise sind für Tausende von Jahren in die Geologie unseres Planeten eingeschrieben. Wir sind so in einem neuen Zeitalter angekommen: dem Anthropozän. Mehr denn je sind wir dazu angehalten, uns auf die ökologischen Grenzen zu besinnen und innerhalb des uns zugeteilten ökologischen Raums zu leben, zu produzieren und zu konsumieren. Es geht um lebendige Gemeinschaften, es geht darum, gut zu leben. Und nicht einfach nur nach mehr Besitz zu streben. Es geht um Kooperation statt Konkurrenz.

Bereits Aristoteles unterschied zwei Ökonomien: die Chrematistik, die Kunst des Gelderwerbs, und die Oikonomia, die Kunst der Haushaltsführung. Letztere beinhaltet das, was ich als »Frieden schließen mit der Erde« bezeichnet habe, mit dem Ziel, unsere Trennung von der Natur zu überwinden. Schon Tagore bemerkte treffend: »Die Natur spricht eine Sprache, die Tausende von Jahren des Zusammenlebens mit den Menschen überdauert hat.« Patentierungen – wie jene von Saatgut – stehen dem entgegen. Sie sind ökologisch, ethisch und ontologisch inakzeptabel. Denn die Erde und ihre Ressourcen sind nicht Eigentum privatwirtschaftlicher Konzerne, sie gehören allen. Saatgut ist Allgemeingut. Es ist die Grundlage von allem, von Baumwollfasern für unsere Kleidung bis zum Getreide, Gemüse und Öl für unsere Ernährung. Es kann sich erneuern, fortpflanzen, multiplizieren. Saatgut ist so untrennbar verbunden mit der Freiheit. Und diese Freiheit will die Industrie auslöschen. Alle sollen jedes Jahr wieder Saatgut kaufen müssen. Deshalb will die Industrie – aggressiv protegiert von Regierenden und Lobbyisten – seit gut drei Jahrzehnten unbedingt Saatgut patentieren.

Mit dieser Erkenntnis begann seinerzeit meine Reise, als ich an einem von einer schwedischen Stiftung organisierten Seminar über den Einfluss der Biotechnologie auf die Wirtschaft teilnahm. Es war ein Treffen im kleinen Kreis – und niemand beachtete mich, die ich meine Schwester, eine Ärztin, begleitete. Vertreter der Agrochemie-Konzerne sprachen hier ganz offen über ihre Zukunftsstrategien: Mithilfe des Patentrechts und gentechnisch veränderter Organismen wollten sie die globale Kontrolle über unser Saatgut übernehmen. Die Methode ist, Raubkopien von den bäuerlichen Ressourcen zu erstellen, um diese anschließend den Bauern in der ganzen Welt zu verkaufen und sie so in Abhängigkeit zu zwingen. Es geht um das Profitmachen mit dem, was der Boden seit Jahrtausenden kostenlos bietet – mit Pflanzensamen. Zu diesem Zweck wurde ein aus großen

Konzernen bestehendes Oligopol gebildet. Dieses internationale Kartell sollte größtmöglichen Einfluss auf die Entscheidungen von Regierungen und internationalen Institutionen sicherstellen. Es bedient sich bei diesem Feldzug seither einer kriegerischen Rhetorik: »Razzia«, »Machete« oder »Lasso« sind die Namen, auf die Monsanto seine Herbizide taufte. Es sind dieselben Firmen, die in Kriegszeiten tödliche Gifte und vernichtende Explosivstoffe hergestellt haben, die nun Agrochemikalien produzieren. Das Entlaubungsmittel »Agent Orange«, das die amerikanische Luftwaffe auf die Wälder Vietnams regnen ließ, um den Vietkong-Kämpfern die Deckung zu nehmen, stammte von Monsanto. Das Mittel führt bis heute zu Krebserkrankungen und Missbildungen. Der Ursprung vieler Pestizide liegt in solchen Chemiewaffen. Nach dem Einsatz von Chlorverbindungen wie Senfgas im Ersten Weltkrieg entdeckte man, dass damit auch Insekten bekämpft werden können. So wurde daraus vor allem das Insektenvernichtungsmittel DDT hergestellt. Nach dessen Verbot behaupteten Gentechniker, sie könnten eine ungiftige Alternative liefern, was weitere Pestizide und Herbizide hervorgebracht hat.

Mir war die Tragweite dieser Strategie damals, 1987, gleich bewusst: Die Konzerne würden vielen Ländern des Südens ihre Nahrungssouveränität rauben. Deswegen organisierten wir parallel zu den Konzernen Kampagnen für die biologische Vielfalt. Inzwischen haben wir in großem Umfang Saatgut als Gemeingut zurückerobert und rund 150 gemeinschaftlich organisierte Saatgutbanken gegründet. Es ist eine weltweite Bewegung für Seed-Freedom. Über zahlreiche Gesetzgebungs- und Vertragsverfahren auf nationaler und multinationaler Ebene, wie z.B. auf dem Erdgipfel 1992, ist es sogar vereinzelt gelungen, bereits vergebene Patente zu annullieren. Schließlich sind Samen wie Pflanzen und Tiere keine Erfindung. Patente darauf sind die Wiederkehr von Kolumbus, des Kolonisators. Dieser erhielt 1492 von den Katholischen Königen

Ferdinand II. von Aragón und Isabella I. von Kastilien einen Patentbrief, um »einige Inseln und Kontinente im Ozean zu entdecken und zu unterwerfen«. In einer Depesche an das spanische Königshaus erwähnte der Eroberer allerdings die Ureinwohner nicht, berichtete vielmehr über den Abbau von Gold und dessen Transport nach Kastilien. Das war nichts anderes als Diebstahl, Piraterie. Auch Papst Alexander VI. stand dem in nichts nach, als er mit der Bulle »Inter Caetera« den Katholischen Königen die von Kolumbus »entdeckten« Länder übertrug und so die Ausplünderung der Ressourcen und Reichtümer der Ureinwohner legitimierte. Der Kolonialismus wurde mit höchstem Segen als zivilisatorische Mission verbrämt.

Die Regierenden und Päpste von einst sind im 21. Jahrhundert die Milliardäre, die mit ihren Werkzeugen und Technologien Gott spielen und ihre übergriffigen Manipulationen in allen Bereichen erneut als »zivilisatorische Mission« proklamieren. Tatsächlich bedeutet dies eine ethische, ökologische und ökonomische Perversion. Ob das Klima, der evolutionäre Code des Universums oder jetzt die Registrierung der privatesten menschlichen Regungen durch das Patent WO 2020/060606: Der Kapitalismus maßt sich an, in alle Abläufe einzugreifen, ohne Rücksicht auf die Folgen.

Diesem andauernden Krieg wider die Natur müssen wir zivilen Ungehorsam entgegensetzen. Dem gewaltfreien Kampf, der von Gandhi in den 1930er-Jahren gegen das Salzmonopol geführt wurde, ist auch in unserer Zeit Erfolg beschieden. Für mich war Gandhis größte Leistung das, was wir Satyagraha nennen: der »Kampf für die Wahrheit«. Für Mahatma bestand unsere höchste moralische Pflicht darin, den Gehorsam gegenüber ungerechten Gesetzen zu verweigern. Gandhi erklärte: »Solange der Aberglaube besteht, wir müssten ungerechten Gesetzen gehorchen, wird die Sklaverei weiterbestehen.«

Heute erfahren wir eine neue Form der Sklaverei, die auf Konsum und der Unterwerfung unter Konzerne beruht. Ungehorsam dagegen bedeutet Neinsagen. Aber nicht nur das: Ungehorsam muss auch kreativ sein und Alternativen vorschlagen. Mit dieser Waffe, den Gehorsam zu verweigern, können wir viele kleine und große Siege erringen. Die Bauern, indem sie ausschließlich Saatgut ausbringen, das nicht von Monsanto und Bayer stammt. Und wir alle, indem wir es nicht zulassen, dass Microsoft künftig den Wert des Mensch-Seins definiert und unsere Körper und unseren Geist zu Kolonien macht. Eine andere Welt ist möglich.

Daniel Dahm

Den Neuanfang wagen — Vom Aufbruch in eine lebensdienliche Ökonomie

Alles wird anders. Im Jahr 2020 wurde uns bewusst: Wir können – wenn wir wollen. Wenn wir nur wollen, sind wir in der Lage, unsere Welt komplett neu zu denken. Und umzugestalten. Innerhalb kürzester Zeit haben wir fast alle unsere bisherigen Gewohnheiten und Regeln überwunden, vieles anders gemacht. Die Corona-Pandemie führte uns vor Augen, was wir wirklich benötigen und was wichtig für uns ist. Und es wurde offenbar: Wenden wir uns für einige Wochen nur noch dem zu, was wir tatsächlich brauchen, dann kommen ganze Volkswirtschaften bis hin zum Welthandel ins Wanken. So entlarvt sich – nun für alle sichtbar – das Märchen der ungebremsten Wohlstandssteigerung in der Industriegesellschaft als Lüge. Der viel gepriesene ökonomische Fortschritt, der als Begründungsfigur seit Jahrzehnten für politische Weichenstellungen herhalten musste und der Menschenrechtsverletzungen, Waffenhandel, Naturzerstörungen und Armut legitimierte, erschafft vorwiegend Überflüssiges. Die Masse davon ist weitgehend verzichtbar. Die Müllhaftigkeit der modernen Konsumgüterindustrie ist nicht eine schädliche Nebenwirkung der industriellen Produktion, sondern ihr innerster Daseinszweck. Alles muss ständig neu ersetzt werden können, unbrauchbar sein, damit es wieder neu produziert und konsumiert werden kann.

Zuletzt ließen uns die allgemeine Entschleunigung und Wiederbesinnung auf das Persönliche, die Konzentration auf die freundschaftlichen, sozialen und familiären Beziehungen aufatmen. Kaum mehr erschien es vorstellbar, dass wir wieder in das alte Lebensstilparadigma zurückkehren könnten. Es ist einfach zu widersinnig, Tag für Tag unsere planetaren Lebensgrundlagen weiter aufzuzehren, bis unsere Kinder und Kindeskinder kaum noch Zukunftschancen haben, und zugleich keine Zeit für das Gemeinsame, die persönlichen Beziehungen zu finden. Nur damit sich wenige zulasten vieler bereichern können. Mahatma Gandhi formulierte: »The world has enough for everyone's need, but not enough for everyone's greed.« Und heute ist deutlicher als je zuvor, dass das fossile ökonomische Paradigma für die Menschheit kaum Nutzen erbringt. Und dass es ganz anders geht, von hier auf jetzt. Es wird klar: Es gibt eine Alternative zu der Leben und Zukunft zerstörenden politischen und wirtschaftlichen Strategie der Vergangenheit und Gegenwart. Dass Geld und Müll nicht sättigen, nicht nähren und nicht zufriedenstellen, das war eigentlich seit der Antike bekannt. Für den Universalphilosophen Aristoteles beschrieb die Ökonomik die Haushaltskunst, der die Wirtschaftskunst der Geldvermehrung, die Chrematistik, entgegenstand. Die Akkumulation von Geld als Form des Wirtschaftens führe zu dem Irrtum, dass Reichtum und Besitz unbegrenzt erweiterbar seien. So zerstört und verunmöglicht der Kapitalismus Marktwirtschaft. Logisch verpflichtete der Pate des Liberalismus, Walter Eucken, die liberale Marktwirtschaft dem Gemeinwohl: »Wer den Nutzen hat, muss auch die Kosten tragen.« Ähnlich äußerten sich später Ludwig Erhard und Alfred Müller-Armack, die eine »Sozialisierung der Gewinne« zum Ziel der Sozialen Marktwirtschaft erhoben und damit nichts weniger als die geistige wie seelische Befreiung der Menschen von materiellen Zwängen anstrebten. Es war schließlich die riesige Hybris der Generation der nachkriegsgeborenen

Wirtschaftswunderkinder, an denen jegliche kritische Selbstüberprüfung abprallte, waren sie doch schon ausreichend traumatisiert durch ihre Elterngeneration und die verpassten Konsumchancen. Da blieb für Weiteres kein Platz. Vor allem nicht für die Zukunftschancen ihrer Kinder und Kindeskinder.

Die Evolution des Lebendigen ist ein ewiges Ringen in Ko-Evolution mit der Welt, in die wir eingebettet sind. Dieses Geoid befindet sich in beständiger Transformation und fordert uns zu permanenter Neuanpassung heraus. Sodass es *human adaptability*, die menschliche Anpassungsfähigkeit, ist, der wir nun unser Augenmerk widmen sollten. Erwuchs doch die Geschichte der Menschheit im stetigen Austausch und in Anschmiegung an die den Homo sapiens tragende Erde. Der geistige Raum der Menschen hat sich als eine eigene, sich selbst ko-evolutiv zur planetaren Biogeosphäre des Planeten erschaffende und verwandelnde immaterielle Sphäre ausgebildet: zur Anthroposphäre. Diese Menschensphäre ist über Sprachen, Metaphern, Erzählungen und Deutungen kultiviert und von Sehnsüchten und Wünschen, von Bedürfnissen, Vorstellungen und Ideen erfüllt. Sie fassen unser Miteinander in Gesellschaften, Traditionen und Regeln. Gesellschaftlich ausgehandelt und legitimiert, politisch konstruiert und institutionalisiert und dann wirtschaftlich realisiert: So haben wir unser Verhältnis zur uns tragenden Natur durchkultiviert – in der Hoffnung, in uns und miteinander ganz Mensch sein zu können. Spätestens mit der ersten Klimakonvention 1992 in Rio de Janeiro einigten wir uns darauf, dass unsere geistige Beziehung zur Welt mit unseren materiell-energetischen Beziehungen nicht mehr zur ökologischen Dynamik des Planeten Erde passt. Doch Konsequenzen haben wir daraus keine gezogen, sondern vielmehr weitergemacht wie zuvor, als wäre die Welt flach.

Und so sehen wir nun vor uns in der nahen Zukunft einen ökologischen Trümmerhaufen, der unsere Zivilisation und das friedliche Miteinander von Menschen und Gemeinschaften zutiefst gefährdet. Diese systematische Weltverzehrung und der grenzenlose Naturverbrauch der vergangenen 50 Jahre ließen sich nur dadurch legitimieren, indem wir unseren Planeten und uns selbst als grenzenlos betrachteten und uns das Recht zubilligten, uns entsprechend entgrenzt zu verhalten. Die technikgläubige Begeisterung über Machbarkeit und Naturbeherrschung unserer Welt und unseres Selbst fußte auf einer bereits überkommenen Naturwissenschaft, die bereits in den 1920er-Jahren hätte überwunden werden müssen. Die alten, mechanistischen Prinzipien und die Geometrisierung der Lebenswelt manifestierten sich in Absurditäten wie Flurbereinigungen und Flußbegradigungen, flächenmäßigen Abholzungen und ganzen Kaskaden von Ideologien grenzenlosen Wachstums – ein zerstörerischer Krieg gegen alles Lebendige. Die globale ökologische Krise mit dem Klimawandel als prominentestem Wirkungskomplex ist davon ein Ergebnis. Dabei hätte nach Albert Einstein und Niels Bohr, Werner Heisenberg und später Hans-Peter Dürr die Allverbundenheit unserer Welt in den Naturwissenschaften und dann in den Geistes- und Sozialwissenschaften ankommen können. Die Nicht-Determinierbarkeit von Kausalbeziehungen wie auch unserer Zukunftsentwicklung sind logische Konsequenzen eines durch Unschärfe geprägten, wechselwirksam verbundenen Kosmos. Das Zusammenspiel von Lebewesen in einem gemeinsamen Lebensraum dient evolutionär immer der wechselseitigen Optimierung ihrer lebendigen Entfaltung und der Erhöhung der Möglichkeiten ihres individuellen und gemeinsamen Lebens. Eine grundsätzliche Eigenschaft dieses Lebendigen ist die Ausbildung und Maximierung von Wandlungs- und Anpassungsfähigkeit mit- und zueinander, mithin die Fähigkeit zur dynamischen Stabilisierung, um gemeinsam in einer sich dynamisch verändernden Lebenswelt leben zu können. Vielfalt, Unterschiedlichkeit und stete

Transformation sind unabdingbar, um ein vitales und stärkendes Zusammenspiel der Lebensformen in ihren Ökosystemen zu ermöglichen. Jede Lebensform tariert sich im Wechselspiel mit den vielen anderen Lebensformen dynamisch durch Anpassung, Lernen und Wandlung aus. »Ich bin Leben, das leben will, inmitten von Leben, das leben will«, formulierte Albert Schweitzer. Starre mechanistische Prinzipien sind keineswegs dazu geeignet, in einer dynamisch und lebendig sich stetig wandelnden Wirklichkeit Zukunftsfähigkeit zu ermöglichen. Es ist die dynamische Stabilisierung, der die lebendige Evolution folgt und sodann Lebenssysteme ermöglicht, in der wir als Homo sapiens miteinander leben können. »Materie basiert nicht auf Materie«, pointierte einst Hans-Peter Dürr, als wir gemeinsam durch Münchens Englischen Garten streiften.

Doch die alten Denkfiguren und -formen haben sich als beharrlich erwiesen, blieben vital. Sie dienten vortrefflich der Stärkung der alten Infrastrukturen und Hierarchien der Macht. Und das neue Denken erschien auch ganz schön kompliziert – stellte es doch viele Gewissheiten der Vergangenheit in Frage. Denn alles ist wirksam: »Wie kann man den Himmel kaufen oder verkaufen – oder die Wärme der Erde? Diese Vorstellung ist uns fremd. Wenn wir die Frische der Luft und das Glitzern des Wassers nicht besitzen – wie könnt ihr sie von uns kaufen? (...) Alles ist verbunden. Was die Erde befällt, befällt auch die Söhne der Erde. Der Mensch schuf nicht das Gewebe des Lebens, er ist darin nur eine Faser. Was immer ihr dem Gewebe antut, das tut ihr euch selber an«, so Chief Seattle, Häuptling der Duwamish, in seiner Rede von 1855 an den 14. Präsidenten der Vereinigten Staaten, Franklin Pierce. Die Entschuldigung, man könne ja sowieso nichts ändern, gilt nicht mehr. Der Mensch, nahezu unendlich klein in einem riesigen unendlichen Kosmos, ist unendlich wirksam auf einem begrenzten Planeten mit unendlich vielen Zukünften.

Es ist an der Zeit, das Buch des Lebens neu aufzuschlagen und allen vor Augen zu führen, dass wir Menschen diese Geschichte mitschreiben. Es ist Zeit zum Aufbruch in einen Neuanfang. Für diesen Wandel brauchen wir Mut, müssen uns positionieren. Wir werden mit den alten Peer Groups, auch den Generationen der Eltern und Großeltern, brechen müssen, die uns bislang die Wege geebnet haben, uns mit Wohlstand und Reichtum, mit Macht und gesellschaftlicher Anerkennung lockten. Ja, die uns auch kaufen wollten. Wir brauchen Mut zum Lebendig-Sein. Und dann kommt da dieses freche kleine Mädchen, schwänzt die Schule und setzt sich mit einem Schild in der Hand auf die Straße und protestiert. Für ihre Zukunft – und die aller anderen Kinder und Jugendlichen: »Skolstrejk för klimatet«. Nachdem sich dem Millionen Kinder, Jugendliche und Erwachsene in aller Welt anschließen und eine grundlegend neue Orientierung menschlicher Entwicklung im Einklang mit der Natur fordern, wird auf einmal klar: Es muss anders werden. Konkret. Es wird nicht mehr so weitergehen, wie es uns die Alten vermitteln wollen. Ende Gelände.

Oft wurde ich nach einem so sehr fehlenden Narrativ gefragt. Ich selbst kenne eins aus der Zeit, als ich ein kleiner Junge war. Eine Vision wie ein leiser Traum, einfach, vielleicht naiv. 2019 formulierte ich diese Vision: »Wir wollen eine Welt, in der alle Menschen frei und friedlich miteinander leben können, in ihrer individuellen Besonderheit, ihren Gemeinsamkeiten und in kulturellem Reichtum. Eingebettet in den Reichtum einer ökologisch lebendigen Natur. Wir wollen eine Welt, in der wir Menschen in Frieden und Würde, in Fülle und Freiheit, in Gemeinschaften und in persönlicher Entfaltung leben und gemeinsam mit allen unsere Gesellschaft gestalten. Eine Welt, in der alte und junge, kranke und schutzbedürftige Menschen geschützt sind, in der wir uns fair austauschen, Wissen schaffen und uns persönlich und als menschliche Familie entwickeln können. Mit gesunden Ozeanen und fruchtbaren Landschaften, stabilen Nahrungsketten, einem balancierten Klima und intakten Lebensgrundlagen und guten Lebensbedingungen für die Lebewesen unserer Erde. Im Bewusstsein der globalen Dringlichkeit, konfrontiert mit den planetaren Grenzen und einer aufkommenden sozioökonomischen Krise, die unsere gemeinsame Zukunft gefährdet, fordern wir eine gerechte und nachhaltige Zukunft für alle Menschen und die kommenden Generationen.«

Wir müssen uns da ranmachen. Für das Lebendige benötigt es einen Ausstieg aus der Natur und Zukunft verbrauchenden Wirtschaft, stattdessen brauchen wir Lebensdienlichkeit im Sinne von Zukunftsfähigkeit, die Sicherung der alltäglichen Bedarfe, die Wiederherstellung der Biogeosphäre und ihrer Kapazitätsreserven, kurz: eine wirklich regenerative Wirtschaft. Das beinhaltet die Stabilisierung von Nahrungsketten sowie der biologischen und funktionalen Diversität von Ökosystemen; die Fruchtbarkeit von Böden, Landschaften und Gewässern und die Abspeicherung von CO_2 aus der Atmosphäre in Biomasse; die Schaffung gesicherter Zugänge zu Energie-, Wasser- und Gesundheitsversorgung, Bildung, Transport und Verkehr, organischen Düngemitteln und Agrartechnik. Die Wirtschaftspraxis, auch jede unternehmerische Umsetzung, muss stets hinsichtlich ihrer Wirkung auf die Lebens- wie Produktionsgrundlagen bewertet werden. Negative Wirkungen sind durch Reinvestitionen vollständig auszugleichen. Darüber hinaus muss zusätzlicher Nutzen in Gemeinschaftsgüter ausgelagert werden, um die Schädigungen vergangenen wirtschaftlichen Raubbaus wieder schrittweise kompensieren zu können. Das weiche Wasser bricht den Stein, ebenso wie statische Stabilität am Lebendigen zerbricht. Wenn wieder mal jemand sagt, es gäbe keine Alternative zum Bisherigen, dann seid skeptisch. Und schaut in den Spiegel: In ihm seht ihr einen Homo sapiens, der wie alle Wesen auf dieser Erde über das Recht des Lebens verfügt, gleichsam über das Recht zum Lebendig-Sein. Alles Lebendige erschafft immer neue Lebensräume, mit uns mitten darin, stetig neu. Nichts bleibt jemals, wie es ist. Seit 3,8 Milliarden Jahren transformiert die bioökologische Evolution mit allen Wesen dieser Welt die Naturlandschaften, Nahrungsketten und Lebensräume. Lasst uns aufbrechen – und mutig in die Zukunft tanzen.

Boualem Sansal

Die Revolution des Lächelns – Für einen neuen Kompass des Lebens

Die Welt befindet sich in einem Belagerungszustand. Damit verbunden ist ein unangenehmes, bedrohliches Gefühl, das nicht genau zu deuten, aber deutlich spürbar ist. Von dem wir nicht recht wissen, ob es uns aufgrund der Globalisierung oder wegen des gnadenlosen Kapitalismus oder der um sich greifenden Islamisierung ergriffen hat. Die Sorgen und Ängste sind allerorten die gleichen. Doch Gefühle taugen nicht dazu, um den Kern einer Sache zu erforschen. Auch nicht für die Politik, die gefühllos handeln muss und sich nicht Träumen hingeben darf. Was nutzt es da, einen Begriff wie »Pessimismus« ins Spiel zu bringen, wenn wir von Effektivität sprechen müssen. Man muss sich die symbolische Brille, die jedem reflektierenden Menschen gegeben ist, nur richtig aufsetzen, um festzustellen, dass die Welt derzeit von Phänomenen beherrscht wird, die wir »Islamismus«, »Globalisierung« oder von mir aus auch »Konsumismus«, also maßlosen »Kapitalismus«, nennen. Es geht aber um weit mehr als das, wenn als letztes Argument vorgebracht wird: »Die Welt, genauer die Menschheit, hat ihre Moral verloren!« Moral – ein Begriff, der weitgehend von der Religion besetzt ist, die sich gewissermaßen biologische Werte zu eigen macht. Wenn Leid oder Elend für den Menschen nicht so hübsch anzusehen sind, dann erheben Politik und Religion so etwas wie Besitzansprüche auf das Leitmotiv der Moral.

Schon zu Zeiten der Aufklärung hat man verstanden, dass die Festlegung der Menschenrechte frei, ungebunden und überall auf der Welt gleich empfunden und respektiert sein muss. Die Auslegung dieser Grundrechte ist weder von einem Gott abhängig, noch darf sie von irgendeiner Glaubensrichtung oder Religion besetzt werden. Man hat also ganz bewusst und frei von jedwedem religiösen Dogma zu Zeiten der Aufklärung ein universelles Buch verfasst, das die »Menschenrechte« aufzeigt. Verfasst wurde es in Deutschland, England und Frankreich. Die Intellektuellen und Philosophen jener Zeit hatten erkannt, dass die Festlegung einer Moral eine universelle Angelegenheit ist. Nur leider hat es viel zu lange gedauert, bis man den Religionen mit ihrem oft absolutistischen Anspruch vehement widersprochen hat. Du kannst über Gott sprechen, das ist eine persönliche Angelegenheit. Die Moral aber bleibt eine Sache der Menschen. Sobald der Klerus oder die Politiker den Begriff der Moral besetzen, geschieht das in erster Linie, um andere in ihre Schranken zu verweisen oder gar über sie zu herrschen.

Jedes Volk hat eine Phase der Aufklärung erlebt, weil das Verlangen stets groß war, das eigene Schicksal selbst in die Hand zu nehmen und nicht darauf zu beharren, dass entweder Gott oder sein Widersacher, der Satan, angebetet werden müssen, um gut oder gar besser durchs Leben zu kommen. Ist das verstanden, bedarf es der Alternativen. Den Islam gibt es seit dem 7. Jahrhundert nach Christus. Und seine Lehren basieren auf den geistigen Werten der Juden und Christen, der Griechen und auch anderer Religionen. Im 9. Jahrhundert, also schon zwei Jahrhunderte nach der Gründung, hieß es von Seiten einiger Moslems: »Allah nimmt in unserem Leben viel zu viel Raum ein. Wenn auf der einen Seite der Glaube steht, muss auf der anderen Seite die Vernunft stehen.« Der Islam erfuhr daraufhin eine Phase der Aufklärung, die mehrere Jahrzehnte andauerte. Der Kalif jener Epoche hatte es tatsächlich fertiggebracht, sich einzugestehen, dass neben dem Glauben der Ratio eine gleichbedeutende Rolle zuzukommen hat. Jene Bewegung der islamischen Aufklärung wuchs in Basra und nannte sich »Mu'tazila«. Aus dem Schoss des konservativen Islam entspross diese Freiheitsbewegung, die Staat und Religion, Vernunft und Glauben voneinander zu trennen verstand. Und deshalb hatte diese Bewegung einen enormen Einfluss auf das spanisch-andalusische Reich, das man zu Recht als das goldene Zeitalter des Islam bezeichnet. Dann aber griffen erneut die Christen ein, wüteten und mordeten nicht anders, als es heute der IS tut. So lange, bis endlich eine neue Zeit der Aufklärung durch Voltaire, Diderot und andere einsetzte. Die Vernunft hatte gesiegt, der Laizismus die Oberhand gewonnen und die Geistlichkeit wurde sprichwörtlich zum Teufel gejagt.

Heute wird das Stück wieder aufgeführt. Man hat das Gefühl, als wollten sich die Religionen dafür rächen, dass sie vor Zeiten in die Verbannung geschickt wurden. Plötzlich sind sie alle wieder da, eine jede auf ihre Art. Die derzeitige Gesamtsituation ist entsprechend konfus, rationale Überlegungen scheinen wieder weitgehend ins Hintertreffen zu geraten. Während die Politik oft willkürlich handelt und in vielerlei Hinsicht durch die bloße Ausübung von Macht den möglichen Freiraum für ihre Bürger nicht nur ignoriert, sondern auch eklatant unterbindet. Die Schriftsteller werden am Schreiben, die Dichter am Reden gehindert. Und den Künstlern verbietet man zunehmend die freie Ausübung ihres Berufes. Auch deshalb suchen viele nach einer passenden Religion, um sich dann einem irrationalen Glauben zu unterwerfen. Allerdings haben die Religionen, die sich heute breitmachen, keine Propheten mehr. Keine Propheten, stattdessen aber Waffen: Wen wundert's? Schließlich will man schnell etwas erreichen, eine radikale Veränderung. Alle Mittel zum Zweck sind recht, Skrupellosigkeit ist das oberste Gebot. Die Gewalt kennt keine Grenzen mehr. Die Globalisierung führt zu Unbehagen, der Geldwert ist unkalkulierbar, die

Klimaerwärmung mehr als nur besorgniserregend, die Umweltverschmutzung nicht mehr kontrollierbar. Diese katastrophalen Zustände scheinen Glieder einer endlosen Kette zu sein. Tausenderlei Gründe für Verunsicherung, allerorten. Der Mensch leidet. Und jede mit ein bisschen Feinfühligkeit ausgestattete Institution, die einmal dafür Verantwortung trug, ein Volk zu lehren und belehren, wo und inwieweit dem Leben Hoffnung abzugewinnen ist – all diese Institutionen sind an sich selbst gescheitert. Es geht um den symbolischen Hirten, der eine Herde zu führen hat. Also bei den Regierungen angefangen und weiterführend zu den Institutionen der Kirchen und Religionen. Der gute Hirte ist uns abhandengekommen. Und der einzelne Mensch trägt selbst keinen Kompass in sich, der ihn unbeschadet durchs Leben führen könnte.

Wo also gibt es Rettung? Wenn ein Tier Angst hat, verkriecht es sich in eine Ecke und erstarrt. Wird die Angst zu groß, wird es aggressiv, gewalttätig, bissig. In so einer Phase scheint sich die Menschheit gerade zu befinden. Das ist nichts grundlegend Neues, so etwas gab es immer wieder. Ein altes System bricht zusammen, ein neues darf nicht nur erhofft, sondern muss jetzt geschaffen werden. Wir brauchen eine neue Art zu denken, wir müssen einen neuen Menschen formen. Dabei steht jeder Einzelne in der Verantwortung, den Prozess der Veränderung zu beflügeln. Die Nationalstaaten sind gescheitert, sie haben zu Nationalismus, Egoismus und identitärer Abkapselung geführt. Ich bin Algerier und bleibe Algerier, aber den algerischen Staat, so wie er sich schon viel zu lange diktatorisch gebärdet, lehne ich ab. Und wäre ich Franzose, würde ich die Entwicklung der extremen Rechten, so wie sie sich dort ins Spiel bringt, gleichfalls nicht tolerieren. Nein, solche Staaten und Systeme will ich nicht. Da findet sich kein Hoffen auf eine Zukunft.

Seien wir ehrlich, wer kann es sich schon leisten, heute wirklich frei durch die Welt zu reisen? Die Geschäftsreisenden können wir hier außer Acht lassen. Für alle anderen ist es aus vorgeblichen Gründen der Sicherheit sehr schwierig zu reisen, man braucht ein Visum. Achtzig Prozent der Bevölkerung meines Landes Algerien haben noch nie das Land verlassen. Weder können sie das, noch dürfen sie das – der einfache Bürger hat gar kein Geld dafür. Die Regierung gibt ihnen keinen Pass, denn auch der kostet Geld. Reisen ist für die allermeisten illusorisch. Der überwiegende Teil der Weltbevölkerung kann die Welt derzeit gar nicht kennenlernen, um zu sehen, zu fühlen, wie sie wirklich ist. Und Unbekanntes provoziert Ängste, Wut, Reaktionen. Weshalb die Visapflicht abgeschafft gehört, weltweit. Das freie Reisen muss zum Grund- und Menschenrecht werden. Nur so kann der einzelne Mensch die gleichen Chancen unter seinen Mitmenschen haben. Derzeit ist es jedoch die Macht des Geldes, die über den Menschen bestimmt. Habe ich Geld, ist es kein Problem zu reisen: Ich fahre zum Flughafen, sofort – und heute Abend bin ich nahezu wo immer ich will. Habe ich aber kein Geld, dann suche ich nach anderen Mitteln. Ich sperre meine Ohren auf und höre, dass es zwei Möglichkeiten gibt, um zu reagieren – in pazifistischer oder in kriegerischer, terroristischer Absicht.

Ich persönlich wähle den chinesischen Weg, ohne selbst Chinese sein zu wollen. Den Chinesen gelingt es vollkommen friedlich, die ganze Welt zu bevölkern – und mehr noch: sie schleichend, beinahe unmerklich zu kolonialisieren. Ihre Kampfmittel sind der offene Markt, der Handel. Und ihr Lächeln. Vor 50 Jahren gab es in ganz Afrika nicht einen Chinesen, heute sind es unzählige. Im vom Militär und der streng religiösen Ausrichtung hermetisch abgeriegelten Algerien gibt es heute in der Hauptstadt sogar zwei eigene chinesische Stadtviertel. Die Chinesen sind überall. Sie gehen friedlich mit Frauen und Kindern durch die Straßen. Sie sind da und werden von uns Algeriern geschätzt. Weil sie lächeln, immer lächeln. Unverschleiert und mit runden, offenen Gesichtern. Es sind der Chinesen inzwischen so viele, dass sie niemand mehr wegschickt. Nicht zuletzt weil sie kostengünstiger arbeiten als jeder andere. Wenn ich ein Haus bauen möchte, dann macht mir ein Chinese ein Angebot, das in jedem Fall wesentlich günstiger ist als das meines Landsmanns. Damit ist China die neue Weltmacht geworden: Erscheinen sie im Ausland auch liebenswürdig, geht die Regierung bei ihnen zu Hause in China gewalttätig wie kaum anderswo auf der Welt vor. Täglich werden dort Menschen exekutiert, die Vollstreckung der Todesstrafe gehört zur Tagesordnung. Jeden Monat gibt es bis zu zweihundert Exekutionen. Das ist ein untragbarer Zustand. Ebenso wie die Tatsache, dass kritische Intellektuelle ins Gefängnis geworfen und nicht selten noch am gleichen Tag hingerichtet werden. Draußen in der Welt aber – da gelten die Chinesen weiter als die Botschafter des Lächelns.

Algerien hingegen lächelt nicht. Wir wurden seit unserer Unabhängigkeit 1962 immer von einer Militärregierung unterdrückt. Einer kulturlosen, dummen, gewaltbetonten und korrupten Macht, die Algerien unablässig Trauer und Tränen gebracht hat. Doch jetzt scheint sich eine Änderung anzubahnen. Die Revolution, die seit einiger Zeit in Algerien stattfindet, hat einen interessanten Namen bekommen: »die Revolution des Lächelns«. Jede friedliche Revolution solcher Art stellt im arabischen Raum stets eine Gefahr dar. Im Königreich Marokko haben die Regierenden Angst, dass Algerien sich mit der »Revolution des Lächelns« politisch verändern könnte. Wie sie auch schon vor dem Arabischen Frühling Angst hatten, vor der intelligenten Revolution Tunesiens, von der sie fürchteten, sie könnte auch auf ihr Land übergreifen.

In Algerien spricht man derzeit von der »Bewegung von Ibtasim«. »Ibtasim« ist arabisch für »Lächeln«. Man geht auf die Straße, lächelnd, man singt, spielt auf der Gitarre, rezitiert Gedichte. Ja, die Poesie, das Lesen und Rezitieren von Gedichten spielen eine bedeutende Rolle. Und das zweite Charakteristikum unserer Demokratiebewegung lautet »Silmiya« – »Frieden, Gewaltlosigkeit«.

Diese beiden Worte »Ibtasim – Silmiya« werden in einem fort ausgerufen, um friedlich zu demonstrieren. Käme irgendwo die Gewalt ins Spiel, würde die Armee sofort einschreiten. Wenn die Polizei unsere Demonstrationen abdrängt, dann reagieren wir widerstandslos. Wir gehen rückwärts, gewaltfrei wie Gandhi. Und es funktioniert – und hat Unvorstellbares bewirkt: Die Algerier haben plötzlich keine Angst mehr vor der Staatsmacht. Sie fühlen sich in ihrem Engagement beschützt – von Aibtazam, Silmiya!

Akira Kawasaki

»Hölle auf Erden« — oder: Die Abschaffung von Atomwaffen ist alternativlos

»**Am 6. August 1945** saß ich im Klassenzimmer, beim Moralunterricht. Kurz nach Beginn der Schulstunde zersprangen plötzlich die nach Süden gehenden Fenster. Während ich mich noch über das Leuchten vor dem Fenster wunderte, hörte ich ein enormes Donnern, dann kam eine Explosionswelle. Kurz darauf türmte sich eine große, pilzförmige Wolke auf. Noch eine halbe Stunde später flogen Blechschilder, Eisen- und Holzstücke herum, zusammen mit dem Unrat fiel pechschwarzer Regen in großen Tropfen vom Himmel. Immer mehr Menschen kamen, denen die verbrannte Haut in Fetzen vom Körper hing, die häufig nichts mehr am Leib trugen. Ich sagte mir damals, dass dies die Hölle auf Erden sein müsse«, erinnert sich Sumiko Nakamura an den ersten Abwurf einer Atombombe, auf Hiroshima. Sumikos Freundin Kiyoko starb nach wenigen Tagen, ihre Haut war nahezu vollständig verbrannt. Ihre letzten Worte waren ein Appell: »Du musst für mich mitleben.« Wie Kiyoko starben in Hiroshima 140.000 Menschen, 70.000 weitere verloren ihr Leben, als nur drei Tage später auch auf Nagasaki ein nuklearer Sprengsatz der USA niederging. Mehr als ein Drittel der Einwohner beider Städte wurden ausgelöscht. Viele Überlebende, die sogenannten »Hibakusha«, leiden noch heute unter den Folgen der Verstrahlung, 75 Jahre danach.

75 Jahre bestehen auch die Vereinten Nationen. Sie wurden unmittelbar nach dem Zweiten Weltkrieg in der Überzeugung gegründet, dass nie wieder so ein katastrophaler Krieg zugelassen werden dürfe und Massenvernichtungswaffen aus der Welt zu verbannen seien. So forderte es die erste von der UN-Generalversammlung verabschiedete Resolution. Die Realität heute sind mehr als 13.000 Atomwaffen weltweit. Das sind weniger als in den 1980er-Jahren am Höhepunkt des Kalten Krieges, als in Folge des nuklearen Wettrüstens etwa 70.000 Atomsprengköpfe existierten. Die nukleare Bedrohung aber ist derzeit höher denn je, wie das »Bulletin of the Atomic Scientists«, ein Wissenschaftsmagazin mit einem Sachverständigengremium von mehr als einem Dutzend Nobelpreisträgern, belegt. Es rückte 2020 den Zeiger der »Weltuntergangsuhr« erneut vor: auf 100 Sekunden vor Mitternacht, der symbolischen Apokalypse. Wenngleich die Gesamtzahl der Nuklearwaffen inzwischen weltweit reduziert wurde, haben die Modernisierung der Kernwaffen, die Zunahme der um nukleare Aufrüstung bemühten Staaten, die verstärkte Bedrohung durch nichtstaatliche Akteure sowie eine instabile Lage im Mittleren Osten und Nordostasien zu einer Verschärfung der nuklearen Bedrohung des Planeten geführt.

Wird es uns gelingen, Nuklearwaffen zu verbannen und Nagasaki zur letzten Stadt auf der Welt zu machen, die eine Nuklearwaffe erleben musste? Meine Antwortet lautet: ja! Ich bin ein Aktivist, der an den Weltfrieden glaubt – und leicht werden solche »Idealisten« belächelt. Doch die Abschaffung von Atomwaffen ist durchaus realistisch, wie nicht zuletzt die Unterzeichnung des Atomwaffenverbotsvertrags (*Treaty on the Prohibition of Nuclear Weapons*; TPNW) 2017 zeigt. Diese Übereinkunft ist deshalb so bedeutend, weil sie klar zum Ausdruck bringt, dass auch einzelne Staaten nicht berechtigt sind, über Kernwaffen zu verfügen, vielmehr der Besitz von Atomwaffen immer zu verurteilen ist. Demnach darf kein Land zu keiner Zeit, unabhängig davon in welcher Situation es sich befindet, eine mit Kernwaffen im Zusammenhang stehende Tat ausüben. Auch Papst Franziskus bezeichnete beim Besuch in Hiroshima im November 2019 Einsatz wie Besitz von Kernwaffen als unmoralisch. Überdies kommt inzwischen der Humanität eine größere Relevanz in den internationalen Beziehungen zu als der Proklamation des militärischen Gleichgewichts. Während des Kalten Kriegs und unmittelbar danach diente die Balance der nuklearen Schlagkraft zwischen den Großmächten noch als Grundlage für atomare Rüstungskontrolle. Das vermeintliche Gleichgewicht des Schreckens und das Postulat der nuklearen Abschreckung standen im Mittelpunkt, man setzte auf die Vernunft der gegenüberstehenden Staatsführung. Mit Beginn des 21. Jahrhunderts wandelte sich jedoch die internationale Gemeinschaft von einer bipolaren in eine multipolare Weltordnung. Mit ihr kamen zunehmend nichtstaatliche Akteure ins Spiel, die die altbewährten Abschreckungsmechanismen nachdrücklich in Frage stellen. Und selbst innerhalb der amerikanischen Führungsebene wurden Stimmen laut, die statt der Notwendigkeit von Atomwaffen vielmehr deren Gefahr erkannten. So warb US-Präsident Barack Obama 2009 »für eine Welt ohne Nuklearwaffen«. Kurz darauf veröffentlichte auch das Internationale Komitee des Roten Kreuzes eine Erklärung mit dem Titel »Das nukleare Zeitalter beenden«. Auf der Konferenz zu den humanitären Auswirkungen von Atomwaffen wurden ab 2013 intensive Diskussionen geführt, um Nuklearwaffen als inhumane, gegen das Völkerrecht verstoßende Waffen zu verbieten. Nach dem Beschluss der UN-Generalversammlung im Jahr 2016 und den Verhandlungen 2017 wurde der Atomwaffenverbotsvertrag von 122 Staaten angenommen. Geradezu so etwas wie die späte Einsicht in die Worte der einstigen Staatschefs Reagan und Gorbatschow, die in den 1980er-Jahren des letzten Jahrhunderts festgestellt hatten, dass »ein Atomkrieg nicht gewonnen werden kann und niemals geführt werden darf«.

Derweil gibt es heute neue Faktoren, die das Risiko in sich bergen, dass die Atomwaffensysteme außer Kontrolle geraten: Cybertechnologie, Künstliche Intelligenz, Klimawandel, Naturkatastrophen. Die nukleare Gefahr ist damit an einem Punkt angelangt, an dem sie nicht mehr mit der »Vernunft« eines Staatenführers abgewehrt werden kann. Und die Auswirkungen eines Atombombeneinsatzes im 21. Jahrhundert wären unweigerlich global.

Ein weiteres Problem ist, dass die multinationalen Nuklearvereinbarungen diskriminierend sind. Zunächst war lediglich den fünf ständigen Mitgliedern des UN-Sicherheitsrats der Status als Atommacht zugebilligt worden, allen anderen Staaten ist der Besitz von Atomwaffen verboten. Daraus sollte resultieren, dass die Atommächte ihren Abrüstungsversprechen, die sie im Gegenzug zu den ihnen zuerkannten Sonderrechten gegeben haben, verbindlich Taten folgen lassen. Tatsächlich aber halten derzeit die USA und Russland jeweils Hunderte von Atomraketen einsatzbereit. Und beide versuchen ihre nukleare Schlagkraft sogar noch zu erhöhen. Ebenso streben immer mehr Länder nach eigenen Atomwaffen – ganz entgegen dem Ziel der atomaren Nichtverbreitung. So verfolgen Israel, Indien, Pakistan und Nordkorea offen die Strategie der nuklearen Bewaffnung. Nach der jüngsten Anspannung um den Atomkonflikt mit dem Iran ist zu befürchten, dass auch Saudi-Arabien und die Türkei perspektivisch Atomwaffen haben könnten. Die Gefahr für die Weltgemeinschaft ist offenkundig: Solange es Staaten gibt, die Atomwaffen besitzen und dies unverhohlen als Zeichen ihrer Stärke propagieren, wird es Länder geben, die es ihnen gleichtun wollen. Der Geist des TPNW kann nur weiter bestehen, wenn die Atommächte abrüsten und die anderen Länder weiterhin auf Atomwaffen verzichten. Sobald jedoch eine Nuklearmacht vom Weg der Abrüstung abkommt und fortlaufend Druck auf andere Staaten ausübt, gerät das Verhältnis aus dem Gleichgewicht. Als Konsequenz setzen sich die anderen zur Wehr und greifen ihrerseits zu Atomwaffen. Das Phänomen lässt sich zurzeit auf der koreanischen Halbinsel beobachten. Auch wenn die Atommächte einzelnen Staaten im Mittleren Osten vorschreiben wollen, keine Atomwaffen besitzen zu dürfen, ist es so, als ob man mit einer Zigarette im Mund anderen anraten würde, nicht zu rauchen. Es braucht atomwaffenfreie Zonen weltweit, um gemeinsam abzurüsten.

Erfreulich ist, dass sich mittlerweile über 190 Staaten verpflichtet haben, auf die militärische Nutzung von Atomtechnologie zu verzichten. Es ist ein Paradigmenwechsel von staatlicher Sicherheit hin zu menschlicher Sicherheit zu konstatieren, der nicht zuletzt nach der jüngsten globalen Pandemie unausweichlich erscheint. Dabei ist evident, dass derartige Phänomene Folge der zunehmend existenziellen Eingriffe des Menschen in das Ökosystem sind – was die globale Jugend, inspiriert von Greta Thunberg, zu großem Engagement motiviert, sieht sie doch ihre Zukunft und die nachfolgender Generationen gefährdet. UN-Generalsekretär António Guterres wie auch die deutsche Kanzlerin Angela Merkel haben die weltweite Ausbreitung der Covid-19-Erkrankung als größte Gefahr seit dem Zweiten Weltkrieg bezeichnet. Das erinnert an die große Naturkatastrophe von Nordostjapan und den Reaktorunfall in Fukushima von 2011, die in Japan zur »größten Katastrophe seit 1945« erklärt wurden.

Die internationale Gemeinschaft hat aus den zwei Weltkriegen in der ersten Hälfte des 20. Jahrhunderts gelernt und konnte seither – wenn auch knapp – einen weiteren Weltkrieg verhindern, was den Vereinten Nationen und dem Völkerrecht zu verdanken ist. Andererseits stellen die Bedrohungen für die Umwelt und die außer Kontrolle geratenen Technologien, die die Menschheit hervorgebracht hat, in diesem Jahrhundert existenzielle Bedrohungen dar. So ist heute auch die Sicherheitsdoktrin der zweiten Hälfte des 20. Jahrhunderts kaum noch begründbar, wonach das Gleichgewicht der atomaren Militärpotenziale die Stabilität der internationalen Gemeinschaft zu sichern vermag. Überdies kann allein schon finanziell eine weitere kostspielige Aufrüstung nicht überzeugen, wenn die Staaten in Folge von Ereignissen wie der Pandemie beispiellos hohe Summen für die Gesundheitsversorgung aufbringen müssen. Auch vor diesem Hintergrund müssen Atomwaffen abgeschafft und eine nachhaltige neue Sicherheitsordnung entwickelt werden. Für diese sollte der von den Zeitzeugen der Atombombenabwürfe und den weltweit zu beklagenden Opfern der Atomwaffentests ins Leben gerufene TPNW als universeller Standard der Weltgemeinschaft etabliert werden. Derzeit befürworten jene Länder diesen Pakt, die keine Kernwaffen besitzen und Atommächte in keiner Weise unterstützen. Der nächste Schritt wird sein, die Politik jener Staaten, die zwar selbst über kein Atomwaffenarsenal verfügen, aber doch atomare Bewaffnung weiterhin billigen – also unter dem Schutzschirm von Atommächten stehen – zu verändern. Hier stehen Deutschland wie auch Japan vor einer gemeinsamen Herausforderung. In Japan allerdings erfährt die politische Bewegung, die eine Reform der im Jahr 1946 beschlossenen Friedensverfassung verlangt, leider nach wie vor Zuspruch. Dies mahnt zur Vorsicht. Erstarkender Unilateralismus birgt Konfliktpotenzial. Stattdessen müssen in Japan wie auch in Deutschland stationierte amerikanische Atomwaffen abgezogen werden, ihre Einfuhr verboten und die Teilnahme an nuklearen Militäraktionen untersagt werden. Ebenso sollte das Finanzsystem dahingehend reformiert werden, dass Banken nicht länger in Firmen investieren dürfen, die zur Verbreitung von Atomwaffen beitragen. Solch politischer, wirtschaftlicher wie auch gesellschaftlicher Druck kann dafür sorgen, das Zeitalter der Atomwaffen zu beenden.

Und auch die sogenannte zivile Nutzung der Atomenergie muss in den Blick genommen werden, die effektive Regulierung von Kernkraftwerken: Die Technologie zur Anreicherung von Uran, die für die Produktion von Kernbrennstoffen genutzt wird, und die Wiederaufbereitungstechnik, die für die Spaltung von Plutonium bei verwendeten Brennelementen eingesetzt wird, sind unmittelbar mit der Herstellung von Atomwaffen verbunden. Weltweit existiert wiederverwertbares Kernmaterial, das mindestens 100.000 Atomsprengköpfe bestücken kann. Die Zeit zum Handeln drängt.

Bald wird es auch Zeitzeugen der Atombombenabwürfe wie Sumiko Nakamura nicht mehr geben, die von den Höllen Hiroshimas und Nagasakis berichten können. Sollte uns die Weitergabe der mahnenden Erinnerung nicht gelingen, besteht die Gefahr, dass diejenigen an Einfluss gewinnen, die den Einsatz von Kernwaffen fahrlässig als Spiel betrachten. Setsuko Thurlow hat wie Sumiko Nakamura den Niedergang der Atombombe in Hiroshima miterleben müssen und ist heute mit bald 90 Jahren eine der prominentesten Streiterinnen für eine Welt ohne Atomwaffen. Für Thurlow ist der TPNW »der Beginn vom Ende der Atomwaffen«, wie sie bei der Verleihung des Friedensnobelpreises 2017 an die Internationale Kampagne zur Abschaffung von Atomwaffen (*International Campaign to Abolish Nuclear Weapons*; ICAN) sagte. Oder werden wir die Gelegenheit verpassen und in den Weg der Zerstörung abgleiten? Mehr denn je kommt es im 21. Jahrhundert auf unsere Weisheit an, unsere Zusammenarbeit und unser Handeln.

Luc Jochimsen

Wenn der rationale Mensch sich wieder aufrichtet – Die Verteidigung der Wahrheit

Im November 2019 druckte »Der Spiegel« diesen Witz in Form eines Comics: Gerichtssaal, Richter, Angeklagter ... Der Richter sagt: »Schwören Sie, die Wahrheit zu sagen und nichts als die Wahrheit!« Und der Angeklagte erwidert: »Oh Mann, glaubt man hier immer noch an dieses Zeug?« DIESES ZEUG – das ist heute aus dem Begriff »Wahrheit« geworden: ein Gemisch aus Meinungen, Gefühlen, Stimmungen, Gehört-Habendem, Verstanden-Habendem, Fehlern, Irrtümern und Lügen. Einzeln oder im Chor vorgetragen in aggressiven Fehden. Mit höhnischer Häme, Wutausbrüchen, kalten Provokationen. Im Januar 2020 konstatiert der Rechtsphilosoph Uwe Volkmann in der FAZ: »Die moderne Philosophie hat jede Hoffnung auf übergreifende Wahrheit diskreditiert und stattdessen in immer anderen Variationen gelehrt, dass jeder Mensch, jede Gruppierung ein Anrecht auf ihre eigene Sicht der Welt hat – und wahr ist immer nur das, was dafür gehalten wird, und nur so lange, wie es dafür gehalten wird.«

Die moderne Politik übernimmt diese Vorgaben der modernen Philosophie. Als hätte die Demokratie die Wahrheit abgeschafft, wird nun mit einem Pluralismus von Wahrheiten hantiert. Mehrheitsentscheidungen sind oberstes Gebot und setzen Interessen an die Stelle von Wahrheit, und auf dem Weg zu diesen interessengeleiteten Mehrheitsentscheidungen wird gelogen und manipuliert, was das Zeug hält. Propagandamaschinen produzieren einen künstlichen Nebel des Scheins, der sich über alles legt. Auch über das, was wir schon lange wissen – aufgrund belegter Tatsachen und sogar von Millionen Menschen gemachter Erfahrungen. Wie die Herausforderung des Klimawandels, Dürre, Überschwemmungen, nie gekannte Stürme, Winter, die keine mehr sind – längst ist all das doch Teil unserer Lebenserfahrung geworden.

Wir leben – wie die Herausgeber der »Oxford Dictionaries« 2016 erklärten – im Zeitalter von *post-truth* (nach der Wahrheit). Das heißt, wir leben unter Umständen, »in denen objektive Fakten weniger Einfluss auf die öffentliche Meinungsbildung haben als Appelle an Emotionen und persönliche Überzeugungen«, so Autor Patrick Gensing in seiner Abhandlung »Faktum = Meinung?« in der Zeitschrift »Aus Politik und Zeitgeschehen« im Januar 2020. Was im Englischen *post-truth* heißt, nennen wir im Deutschen interessanterweise »postfaktisch«. Eine Sprachkonstruktion, die im Jahr 2016 von der Gesellschaft für deutsche Sprache zum »Wort des Jahres« erklärt wurde. Begründung: »Nicht der Anspruch auf Wahrheit, sondern das Aussprechen der ›gefühlten Wahrheit‹ führt im postfaktischen Zeitalter zum Erfolg.« Will heißen: zum politischen wie wirtschaftlichen Erfolg, zum Erfolg bei den Wählern, zum Erfolg bei den Konsumenten – und damit schließlich auch zum sozialen Erfolg. Halten doch alle alles für wahr oder falsch, was und wie sie gerade drauf sind oder fühlen und meinen. Die Frage stellt sich: Wollen wir beim »Aussprechen« der gefühlten Wahrheit – nachfaktisch/kontrafaktisch/antifaktisch – bleiben? Nach allem, was täglich und weltweit passiert? Wie lange noch soll dies »zum Erfolg« führen und unser Erfolgsmodell des politischen Handelns sein? Die Pluralisierung und Individualisierung, die Relativierung und die vom Denken ins Fühlen transferierte Wahrheit ist mittlerweile ein derart ausgehöhlter Begriff geworden, dass man mit ihm alles und nichts postulieren und auch sein genaues

Gegenteil vertreten kann. Ein Tausende Jahre alter, aus der Metaphysik stammender, die Menschheitsgeschichte begleitender, durch Erkenntnis und Wissen die Rationalität des Menschen schaffender Wert ist heute zu DIESEM ZEUG verkommen, wie es der Typ im Gerichts-Comic nennt. Sollen wir also aufhören, von Wahrheit zu reden? Sollen wir das Wort nicht mehr in den Mund nehmen? Sollen wir es verschwinden lassen aus unseren Diskussionen und Auseinandersetzungen? Aber was dann? Was, wenn wir die Wahrheit zum Leben bräuchten?

Die Schriftstellerin Angela Krauß fragt in ihrem Gedichtband »Eine Wiege«:

Ist die Wahrheit in jedem von uns?
Wenn ja, wo?
Wie kam sie dorthin?
Finden wir sie?
(unter Umständen, welchen)
Kann sie uns verborgen bleiben?
(lebenslänglich)
Wenn nein, ist sie eine These?
(wie alles)

Und was, wenn wir die Wahrheit – selbst oder gerade als These – für unser Zusammenleben bräuchten, in der Familie, in der Gesellschaft, im Staat, für die Politik? »Nur die Wahrheit macht frei«, heißt es bei Auguste Comte, dem Philosophen des Positivismus, Erfinder der Tatsachenwissenschaften. Von ihm könnte auch der aktuelle Aufruf der Ökologie-Bewegung stammen: »Make enlightment great again!«, lasst uns die Aufklärung wieder groß und bedeutend machen.

Leicht ist das nicht – aber leicht war es nie, die Wahrheit zu verteidigen. Stets gab es Momente, da sie ihre Unumstößlichkeit verlor, ihren allein seligmachenden Charakter, ihren dogmatischen Terror. Nein, ewige Wahrheit gab es nie. Und ja, aus alter Wahrheit ging neue

Wahrheit hervor. Denn Wissen ist an sie gekoppelt und damit auch die jeweilige Zeit. Die Wahrheit von gestern braucht nicht die Wahrheit von heute und morgen zu sein. Sie muss der Überprüfung des Wissens standhalten. Das ist der springende Punkt: Belege, Beweise zu erbringen. Darin liegt die Aufgabe, die große Anstrengung, der wir uns stellen müssen. Ständig überprüfen, ob etwas stimmt oder nicht, richtig ist oder nur behauptet, tatsächlich oder gefühlt.

In dieser globalen, komplexen, komplizierten Welt verlangt dies fast Übermenschliches vom Einzelnen. Deshalb muss er sich zusammentun mit anderen – auch und gerade mit denen, die das Contra vertreten. Zusammentun in permanenter Auseinandersetzung, deren Fundament die Überprüfung ist, nicht die Emotion, die gefühlige Gegnerschaft, die Wut, der Hass, die Denunziation des jeweils anderen. Es geht um mehr als das Austarieren von unterschiedlichen oder gar gegensätzlichen Interessen. Es geht auch um mehr als Kompromiss und Konsens. Es geht um Grundsätze. Nicht alles lässt sich relativieren. Wenn stimmt, was Swetlana Alexijewitsch mit der »Niederlage des rationalen Menschen« konstatiert – und wer könnte an dieser Niederlage in unserer Zeit zweifeln –, dann muss diese Niederlage gestoppt werden. Indem der rationale Mensch sich wieder aufrichtet. Und dabei andere sucht und findet, die es ihm gleichtun.

Hanna Poddig

Reflexionen meines Kaffeekonsums – oder: Für ein ganz anderes Ganzes

»Es war noch nie so dringend nötig wie heute, aktiv zu werden ...«, schnappe ich auf – und mache mir erst mal einen Kaffee. Wobei es mich – nach mehr als fünfzehn Jahren politischem Aktivismus – umtreibt, was uns dieser Ausspruch überhaupt sagen soll. Dass die, die so etwas feststellen, bisher selbst nicht aktiv waren? Offenbar. Dass sie just jetzt die Notwendigkeit sehen und irgendwie versuchen zu rechtfertigen, warum sie bisher nicht aktiv waren? Dass alle, die bisher schon aktiv waren, zwar irgendwie auch schon recht hatten, aber jetzt – nun sei es wirklich fünf vor zwölf? Klar: Wir brauchen nicht nur andere Motoren, sondern eine ganz andere Mobilität, nicht nur Bioerzeugung, sondern eine andere Produktions- und Transportorganisation, nicht neue Einwanderungsgesetze, sondern das Infragestellen von Nationalstaaten und Grenzen. Nicht nur mehr Intensivbetten, sondern ein Gesundheitswesen, in dem es um Menschen geht statt um Profite. Ob Migration, Gesundheitswesen, Klimawandel oder Ressourcenabbau – alle Fakten legen mehr als nahe, dass es einen grundlegenden gesellschaftlichen Wandel braucht, um mit den aktuellen Gegebenheiten auf halbwegs menschen- und planetenfreundliche Art umzugehen. Ein ganz anderes Ganzes also. Für das es Bewegung, Begegnung, Debatte, Experimente mit Alternativen braucht. Und Widerstand gegen das Bestehende.

Aber warum soll das heute nötiger denn je sein? Eigentlich trinke ich meinen Kaffee ungesüßt, aber heute rühre ich einen beruhigenden Löffel Zucker hinein. Vielleicht fällt es mir dann leichter, mich über die heutigen Proteste zu freuen – statt mich über die aufgeworfene Frage zu ärgern. Zweifellos ist es notwendig, heute Widerstand zu leisten. Aber das war es die letzten Jahre nicht weniger. Im Gegenteil: Gerade die eben nicht aufgehaltenen Entwicklungen der letzten Jahre haben doch die Probleme produziert, die jetzt so groß sind, dass wir nunmehr aufspringen und alles stehen und liegen lassen müssen, um uns ihnen zu widmen. Schlimmer noch: Manche meinen sogar, wir sollten emanzipatorische Ideen hinter uns lassen und mithilfe autoritärer Konzepte den ökologischen Kollaps zu verhindern suchen.

Ich sollte wohl keinen weiteren Kaffee mehr trinken, ich rege mich ja jetzt schon auf. Aber es hilft ja auch nicht, alle anzuschreien und zu sagen: »Ihr hättet uns auch vor zehn Jahren schon glauben können! Ihr hättet deshalb schon damals aktiv werden können!« Damit, dass wir recht hatten, haben wir nichts gewonnen. Der Holocaust-Überlebende Elie Wiesel hat treffend festgestellt: »Ich habe immer daran geglaubt, dass das Gegenteil von Liebe nicht Hass ist, sondern Gleichgültigkeit. Das Gegenteil von Glaube ist nicht Überheblichkeit, sondern Gleichgültigkeit. Das Gegenteil von Hoffnung ist nicht Verzweiflung, es ist Gleichgültigkeit. Gleichgültigkeit ist nicht der Anfang eines Prozesses, es ist das Ende eines Prozesses.«

Wenn wir uns einig sind, dass Gleichgültigkeit nicht (mehr) akzeptabel ist, stellt sich unweigerlich die Frage: Reicht es, beim reinem Protest zu bleiben? Wie weit darf – oder muss – Widerstand gehen? Wie kann Widerstand aussehen, der offen ist für neue Mitstreitende? Ganz besonders auch, ohne dabei offen zu sein für rechte, rassistische oder antisemitische Pseudo-Erklärungen, vor denen es allerorten nur so wimmelt? Freiheitskämpfer*innen der Vergangenheit gelten als Vorbilder. Früher, ja, da wurde Freiheit erkämpft. Und es ist auch weitgehend unstrittig, dass es seinerzeit keine Option war, mit den Herrschenden zu verhandeln, dass das Ringen um Freiheit eine kontroverse Auseinandersetzung war. Und dass sich die Kämpfenden schwerlich an geltendes Recht halten konnten, wenn sie ihre Ziele erreichen wollten. Die Abschaffung der Sklaverei und das Frauenwahlrecht wurden wahrlich nicht mit den legalen Mitteln ihrer Zeit errungen. Warum aber ist es so schwer, diese Erkenntnis ins Heute mitzunehmen? Auch heute Macht und Herrschaft – den Mächtigen und Herrschenden – zu misstrauen? Weil viele daran glauben, dass die heute Entscheidenden legitimiert seien – also »legitim legitimiert«. Ist der Glaube an ein Parlament, was uns die Möglichkeiten abnimmt, selbst zu handeln, tatsächlich strukturell anders als der frühere Glaube an das Gottesgnadentum? Ist es nicht schön bequem, weil wir die Verantwortung abgeben können?

Wenn aus den Reifen eines klimaverpestenden SUV die Luft rausgelassen wird, regen sich die Leute gewaltig auf – nicht aber über die Existenz solcher Autos. Wer ein Kohlekraftwerk besetzt, ist kriminell – wer es betreibt, hingegen nicht. Wer wegworfene Lebensmittel aus Mülltonnen rausholt, um sie zu verschenken, kriegt Ärger mit der Polizei – der, der die Nahrung weggeworfen hat, wird gefragt, ob er gegen Erstere juristisch vorgehen möchte. Wenn das »Normalität« ist, ist »normal« schon eine merkwürdige Sache. Oder eher eine denkwürdige? Eben weil wir »Normalität« – gerade weil sie immer da ist – stets bemerken, aber nicht überdenken, nicht reflektieren? Derlei Begriffsdebatten dürfen Philosoph*innen in ihren akademischen Parallelwelten führen. Was ich sagen will: Das, was in unserem Jahrhundert gerade Norm und als »normal« anerkannt ist, macht den Planeten und unser Miteinander gründlich kaputt. Eine Beziehung von Ursache und Wirkung, die nicht besonders versteckt ist. Vermutlich würden mir viele sogar zustimmen und dennoch am Bestehenden festhalten – aus Bequemlichkeit, Egoismus oder weil sie Angst haben, alles könne sonst noch schlimmer kommen. Es hat etwas vom Szenario des mit 100 Stundenkilometern auf eine Wand zurasenden Autos – und wir haben mehrere Pedale zum Eingreifen. Aber aus Angst, eines davon könnte uns auf 110 km/h beschleunigen, halten wir alle Insass*innen davon ab, eines der Pedale auszuprobieren. Im Großen empfiehlt angesichts des objektiv destruktiven Status quo sogar die – oft ängstliche – Wissenschaft, Neues auszuprobieren. Mit zunehmender Dringlichkeit. Doch statt zielführend zu handeln, zweifeln viele kurzerhand die Forschungsergebnisse an. In der Tendenz seien sie schon richtig, aber ob ihre Dramatik nun wirklich angemessen sei …

Doch genug der platten Vorwürfe und Vergleiche: Es gibt Profitierende, die genau wissen, wie es um die Welt bestellt ist, aber weil sie selbst Vorteile daraus ziehen, verteidigen sie das Bestehende. Demgegenüber gibt es Menschen, die aktiv sind – dabei immer wieder nach dem geeigneten Weg suchen: Demos? Sitzblockaden? Baumhäuser? Sabotagen? Personalien verweigern? Texte schreiben? Eine spannende Suchbewegung und doch interessiert mich jetzt eigentlich der ganze verdammte Rest. Was ist mit dem? »Gleichgültig«, wie Elie Wiesel analysierte? Oder beunruhigt, aber unentschieden? Ihr, die ihr auch schon mal gespendet habt für Greenpeace oder den Hambacher Forst. Die ihr euren Kindern Bücher über Aktivismus schenkt, um sie zu animieren, etwas zu machen – etwas, für das euch der Mut oder die Entschlossenheit fehlt. Ihr, die ihr Transformation studiert, weil ihr die Welt radikal verändern wollt, aber davor zurückschreckt, euch für einen praktischen Weg zu entscheiden und daher lieber alles nur in der Theorie wälzt. Ihr, die ihr es leid seid, schlechte Filme zu sehen, und arte-Dokus anguckt, die ihr euch schlecht und ohnmächtig fühlt. Auch ihr, die ihr euch bei mir bedankt für meinen Aktivismus, wenn ihr mich trefft. Oder mich beglückwünscht. Ich will eure Anerkennung nicht. Ich will, dass ihr mitmacht! Verdammt! Hört endlich auf, darauf zu warten, dass eine kleine elitäre Avantgarde aus Aktivist*innen euch ein fertiges Revolution-to-go-Paket an der Haustür anbietet. Und kommt schon gar nicht darauf, es zu liken. Tut endlich was!

Es ist richtig, für etwas zu kämpfen, woran wirklich zu glauben naiv wäre: Wir werden die Welt nicht retten können. Aber es nicht zu versuchen, »Gleichgültigkeit«– das ist keine Option. Jede*r muss es im Rahmen der eigenen Möglichkeiten versuchen. Die eigenen Möglichkeiten – damit relativiere ich es jetzt vielleicht schon wieder: Was sind schon Möglichkeiten? Wenn der Wecker früh klingelt, die Kinder in die Schule und wir zur Arbeit müssen? Ausreden für die eigene Untätigkeit finden sich immer. Wenn ihr euch weiter belügen wollt – mit all den hinderlichen Psycho-Macken und kognitiven Dissonanzen – dann macht das. Aber: Wer etwas ändern will, findet Wege. Immer!

Zu dogmatisch? Sobald du zu irgendeiner Überzeugung auch mal stehst, giltst du als dogmatisch. Dabei ist es offensichtlich, dass in jedes Leben etwas mehr Solidarität und freche Subversion hineinpassen würden. Dass wir das nächste Mal, wenn der Chef Leute anmault oder mobbt, den Mund aufmachen und uns solidarisieren könnten. Dass wir der Nachbarin Hilfe beim Einkaufen anbieten könnten. Dass wir zu der nächsten Demo hingehen könnten – statt sie uns nur anzugucken. Dass wir dort, wenn uns etwas stört, statt zu meckern auch schlicht eigene Flyer verteilen könnten. Dass es Gruppen gibt, die mich beraten können, wenn ich Post von der Polizei bekomme – all das ist kein Grund, unpolitisch zu sein. Alles bekannt.

Diese unsere Feigheit ist kein privates Problem. Jeder Akt der Solidarität, den wir nicht begehen, ist auch ein Moment weniger, in dem wir anderen den Rücken gestärkt haben könnten. Es ist ein Akt weniger, der andere ermutigen könnte, sich auch mal zu trauen. Und stets einer mehr, der das so problematische »Normale« noch normaler und traurigerweise alles Alternative noch undenkbarer macht. Wie aber machen wir stattdessen neue Dinge denkbar? Tatsächlich geht unser Gehirn gern auf ausgetretenen Pfaden und wir müssen es trainieren, neue Wege zu denken, wenn wir das wirklich wollen. Wenn wir Rassismus verlernen wollen, statt dies nur zu fordern. Wenn wir Nationen verlernen wollen. Wenn wir Privateigentum verlernen wollen, weil Teilen sinnvoller und schöner ist als Konkurrieren. Wenn wir mehr Beziehungsmodelle als ausschließlich monogam-heterosexuelle als gleichwertig empfinden wollen.

Ja, das sind Utopie-Debatten – und die sind wichtig angesichts der bestehenden »Normalität«. In der die Regierenden Gesetze verabschieden, die der Polizei mehr Überwachung und Bewaffnung zugestehen. Gesetze, die allen Ernstes jetzt, 2020, noch neue Kohlekraftwerke ans Netz gehen lassen. Regelungen, die es Gerichten ermöglichen, Protestierende noch länger einsperren zu lassen. Gesetze, die Zäune und Mauern an Grenzen zementieren. Ich trinke noch einen Kaffee, alles eine Frage der richtigen Dosierung. Wie bei widerständigen Aktionen. Die ohne Vermittlung allerdings nichts wert sind. Aber was hilft die beste Vermittlung, wenn sich mangels spektakulärer Aktionen kein öffentliches Interesse herstellen lässt? Ich bin im Kopf sofort bei der Ohrfeige von Beate Klarsfeld für Kiesinger. Klingt nach letztem Jahrtausend? Ist es auch. Aber auch heute gibt es diese rebellischen Geister wider die »Normalität«, wie diejenigen, die sich in Paddelbooten auf die Kieler Förde trauten, um einen Kreuzfahrtriesen aufzuhalten. Beate Klarsfeld war damals auch besorgt, hatte offenbar sogar etwas Angst, bevor sie den Nazi-Kanzler abwatschte – just in diesem Buch räumt sie das selbst ein, wenn sie schreibt: »Die Kraft, die mich trotz des Risikos antrieb, zu handeln, war eine tiefe Überzeugung, recht zu haben.« Genau diese Überzeugung trieb auch die Klima-Aktivist*innen auf der Förde, ebenso wie all jene, die sich anketten und klettern, die nachts graue Wände anmalen oder Bagger sabotieren. Sogar die, die Plakatieren gehen oder mit Kreide malen, müssen sich überwinden. Um aktiv zu werden. Und wir werden diese Ängste auch nie ganz los. Aber die eigenen Ängste zu überwinden und etwas zu tun, was wir für richtig halten, obwohl es uns zunächst bedrohlich erschien, für etwas einzustehen, Haltung zu zeigen: Das gibt eine Menge Kraft. Deswegen meine Bitte: Probiert es aus!

Und bevor ihr jetzt insgeheim wieder anfangt aufzuzählen, was ihr alles noch zu verlieren habt: Aktivist*innen haben auch alle etwas zu verlieren. Sie können bestimmte Jobs nicht mehr machen, werden häufiger kontrolliert, erfahren häufiger Polizeigewalt, gelten in vielen Kreisen als gescheiterte Existenzen, weil sie weniger zertifizierte Berufsausbildungen oder abgeschlossene Studien haben. Aber ganz ehrlich: Was ist all das im Vergleich zu dem, was Menschen andernorts bereits passiert ist, gerade jetzt passiert und in noch größerem Maße passieren wird, wenn wir so weitermachen wie bisher? Gleichgültigkeit ist keine Option, denn sie ist, so Elie Wiesel, »das Ende eines Prozesses«. Wir aber haben noch viel vor – für ein ganz anderes Ganzes.

Beate Klarsfeld

Bereit sein,
Widerstand zu leisten

Die junge Generation ist in diesen Zeiten hoch engagiert: Verantwortungsbewusst setzt sie sich für eine neue Klimapolitik ein, einen achtsamen Umgang mit den Ressourcen. Für nicht weniger als das Überleben unseres Planeten. Auch bei uns in Paris gingen sie bis zum Ausbruch der Pandemie jeden Freitag auf die Straßen. Ernsthaft, gleichsam leidenschaftlich und drängend. Und sie haben sich große Sachkenntnis angeeignet. Es ist ihr Wissen darum, dass keine Zeit bleibt für Ignoranz – weil es sonst zu spät ist.

Das ist eine Motivation, die auch mich seit mehr als einem halben Jahrhundert antreibt: zu einem anderen Engagement, für das die jungen Leute bei allem Einsatz für die Umwelt unbedingt auch sensibel bleiben müssen. Das Eintreten gegen Rechtsextremismus, Rassismus, Antisemitismus. Denn die alten und neuen Nazis bedrohen die Freiheiten und Werte, die unser Europa heute ausmachen. Im deutschen Parlament sind sie mit der AfD inzwischen schon die stärkste Oppositionspartei, deren Vorsitzender die Jahre 1933 bis 1945 als »Vogelschiss der Geschichte« bezeichnen darf – ohne dafür Konsequenzen erwarten zu müssen. Meine Strafanzeige dagegen wurde von einer deutschen Staatsanwaltschaft abgewiesen. Die Rechtsradikalen und Rassisten, die Fremdenfeinde und Antisemiten gefährden mit ihrem Hass heute erneut den

Frieden – so wie sie es waren, die diesen Kontinent im vergangenen Jahrhundert mit Krieg und Barbarei schon einmal in den Zusammenbruch getrieben haben. Wir alle, gerade auch die Jungen, müssen höchst wachsam sein. Mehr noch: Wir müssen bereit sein, Widerstand zu leisten – bereit zum Handeln.

Und dies mit aller Konsequenz, notfalls auch der, für eine Sache zu sterben, wie die Mitglieder der Weißen Rose, Hans und Sophie Scholl. Was mir Georg Elser in Erinnerung ruft, der mich und meinen Kampf inspiriert hat. Für Elser war Widerstand der Tyrannenmord, war er doch fest überzeugt, dass die Politik des Tyrannen in einer Katastrophe enden wird. Folgerichtig verübte Georg Elser bereits 1939 einen Bombenanschlag auf Adolf Hitler. Da es sich um eine tiefe innere Überzeugung handelt, kann der Beweis für die Notwendigkeit oder Rechtmäßigkeit dieser Tat nicht erbracht werden. Derjenige, der eine solche Tat ausführt, weiß meistens schon im Voraus, dass er sein Handeln mit dem Leben bezahlen wird. Dass man ihn am gleichen Tag hassen wird – oder ihm Beifall spenden kann. Und dass er sich seines Platzes in der Geschichte nicht sicher ist. In jedem Fall ist der Aktivist entschlossen, zu tun, was notwendig ist. Im Fall Georg Elsers hat sich erwiesen, dass er recht hatte, so zu handeln, wie er es tat. Er litt in seiner Haft fürchterlich, konnte aber feststellen, dass das, was er vorausgesehen hatte, schreckliche Realität wurde. Am Tage seiner Hinrichtung, dem 9. April 1945, fühlte Georg Elser sicherlich Genugtuung darüber, dass er recht hatte und die Geschichte seinen Einzelakt anerkennen würde. Allein seine Exekution bedeutete, dass Hitler ihm recht gab. Anstatt sich als Sieger großzügig zu zeigen, sah sich der Despot verpflichtet, Elser verschwinden zu lassen, damit er nicht als (Über-)Lebender von seiner Weitsicht berichten konnte. Mit der Hinrichtung wollte man ihm die Möglichkeit nehmen, Gründe und Umstände seiner Tat zu erklären. Georg Elser wurde nur 42 Jahre alt.

Elser war allein, die Weiße Rose war eine Gruppe, Serge und ich sind ein Paar. Als ich 1968 meine Aktion gegen Bundeskanzler Kiesinger vorbereitete, wusste ich nichts von Georg Elser. Was ich tat, war kein Attentat – es war eine Ohrfeige, hatte ich doch keine andere Waffe als meine Hand. Ich riskierte aber mein Leben. Kiesingers Leibwächter hätten durchaus schießen können, denn sie wussten nicht, ob ich ihn ohrfeigen oder töten würde. Im selben Jahr waren Martin Luther King und Robert Kennedy ermordet, Rudi Dutschke von einem Neonazi niedergeschossen worden. Die Kraft, die mich trotz des Risikos antrieb, zu handeln, war eine tiefe Überzeugung, recht zu haben – die Gewissheit, dass es mir hiermit gelingen würde, vielen Deutschen zu verstehen zu geben, dass die Bundesrepublik nicht von ehemaligen Nazis regiert werden darf. Die Ohrfeige war die eines deutschen Mädchens, das den Vater ohrfeigte, weil er Nazi war – und es 1968 noch immer gewesen ist. Sicherlich war die Tat Gewalt, auch war sie formal illegal. Doch wie für Georg Elser wog auch für die Kiesinger-Ohrfeige die innere Überzeugung schwerer – was ich auch dem Richter erläuterte, der mich noch am selben Abend zu einem Jahr Gefängnis ohne Bewährung verurteilte: »Gewalt bedeutet, wenn man der deutschen Jugend einen Nazikanzler aufzwingt.« Es waren diese Umstände, die gesellschaftlichen Verhältnisse, die mich zu meinem Engagement zwangen. Ich war von einer Moral getragen – als Deutsche, die sich verantwortlich fühlte. Leugnen war undenkbar.

Dabei habe ich mich von Anfang an als eine wiedervereinte Deutsche betrachtet. Wahrscheinlich beeinflusst durch meine Kindheit, die ich im zerbombten Berlin verbrachte, wo ich oft von einer Besatzungszone in die andere wechselte, wurde mir bewusst, dass ich keine West- oder Ostdeutsche bin, sondern beides gleichzeitig. Ich habe mich auch nicht damit abgefunden, wie viele andere junge Deutsche, den Opfern des Faschismus die Hand zu drücken und ihnen mein Mitleid und Bedauern auszudrücken oder ihnen zu beteuern, dass ich mich schuldig fühle. Schuldig habe ich mich nie gefühlt, denn ich war zu der Zeit ein kleines Kind. Ich betrachte mich als Erbin von Goethe, Schiller und Beethoven. Aber eben auch von Hitler, Himmler und Eichmann.

Ich wollte die Spitze der deutschen Regierung von ehemaligen Nazis befreien. Ich wollte die Nazi-Verbrecher verfolgen und gegen ihre Straflosigkeit ankämpfen, wo auch immer sie auf der Welt lebten: Lischka, Hagen und Heinrichsohn in Deutschland, Barbie in Bolivien, Rauff in Chile, Mengele in Paraguay und Brasilien, Brunner in Syrien. Alles Täter, die nicht belangt wurden, die unbehelligt blieben. Wir spürten sie auf, brachten viele von ihnen vor Gericht. Ich habe mich verpflichtet, dem jüdischen Volk stets zur Seite zu stehen, wo immer es auch verfolgt wird. Und um in diesem Sinne konsequent agieren zu können, wollte und musste ich vor allem eins: wissen. Serge, dessen Vater in Ausschwitz ermordet wurde, gab mir Bücher und Artikel. Sie ließen mich verstehen, was zum Holocaust geführt hatte: verstehen – um damit zu handeln! Das ist bis heute so. Und ich habe dabei zu keinem Zeitpunkt politische oder soziale Zugeständnisse gemacht. Nie bin ich von dem mir vorgezeigten Weg abgewichen.

Heute ist meine Botschaft an die Jugend Europas: Leistet Widerstand! Auch gegen Antisemitismus, Fremdenfeindlichkeit und die rechtsextremen Parteien. Ich habe die Erfahrung gemacht, dass man bei jeder Aktion wieder neu über die Form des Engagements entscheiden muss, die in diesem Moment geeignet ist: Mal ist es das Protestschild, mal die eingeworfene Fensterscheibe. Und in unserem Fall war auch die Entführung der bis dato unbehelligten Mörder legitim. Diese Haltung möchte ich folgenden Generationen für ihr Engagement weiterreichen: Niemals weggucken – wir müssen handeln, bevor es zu spät ist.

Graeme Maxton

Unsere Weltsicht bringt den Tod – System Change!

Situation, Problem, Frage – und dann die Antwort, im Sinne einer Lösung, eines Ergebnisses. Das sind die vier Elemente, die eine schlüssige Geschichte ausmachen. Wie jene Situation, in der Rotkäppchen in den Wald geht, um ihre Großmutter zu besuchen. Es stellt sich das Problem, dass ein Holzfäller sie vor dem Wolf warnt. Das wirft die existenzielle Frage auf: Wird der Wolf sie fressen? Und die Antwort lautet: ja – oder auch nein. Es kommt darauf an, welche Version des populären Märchens erzählt wird.

Die Geschichte, um die es im Weiteren geht, enthält nur drei Elemente – Situation, Problem, Frage. Doch die Antwort bleibt bislang aus. Denn die sich aus der problematischen Situation ergebende Frage ist zu groß, zu komplex, als dass jemand sie derzeit substanziell beantworten könnte. Es wird Geduld und viele kluge Köpfe für eine angemessene Antwort brauchen. Dabei mangelt es nicht an wissenschaftlicher Evidenz, dem Beschreiben und Verstehen des Geschehens, der überaus problematischen Situation. All dies ist umfänglich gegeben. Aber für die Lösung des Problems bedarf es nicht weniger als einer neuen Aufklärung, einer Revolution unserer Weltsicht und unseres Verhaltens.

Unsere Hauptaufgabe im 21. Jahrhundert ist, die Menschheit bei der Zerstörung des Planeten zu stoppen – und ihr eine Zukunft zu sichern. Dafür müssen wir umdenken und vieles von dem, was uns heute normal erscheint, neu betrachten. Fortschritt und Entwicklung müssen neu gedacht werden. Der Zweck unserer Gesellschaft und das, was wir unter Freiheit, Gerechtigkeit und Demokratie verstehen, sind neu zu definieren. Dieser radikale Wandel ist die Herausforderung, die sich stellt. Denn die Menschheit hat es total vermasselt: Die Konsequenz, mit der Tiere und Pflanzen, Insekten, Fische und Vögel heute durch die menschgemachte Vernichtung ihres Lebensraumes, durch Umweltverschmutzung und Klimawandel ausgerottet werden, übersteigt die natürliche Mortalität um das Zehnfache. Und sie nimmt immer mehr zu: Mehr als eine Million Tier- und Pflanzenarten sind bedroht, in der Geschichte der Menschheit ist das beispiellos. Dabei ist der Artenverlust nicht nur aus ethischen Gründen relevant. Er ist ein wichtiger Faktor aufgrund der Interdependenz der Spezies. Früher war der Mensch vom Artensterben nur mittelbar betroffen, denn nur wenige der aussterbenden Arten waren Teil der menschlichen Nahrungsmittelkette. Heute dagegen hätte der Tod mancher Gattung weitreichende Konsequenzen. So sind viele für den Menschen gesunde Lebensmittel von Pollenspendern abhängig, ohne die die Befruchtung von Pflanzen gefährdet wäre. Überdies könnte mit zunehmendem biologischen Ungleichgewicht das Erkrankungsrisiko des Menschen signifikant steigen. Wir Menschen sollten also extrem vorsichtig sein, wenn wir mit dem Schicksal anderer Lebewesen spielen. Mit unserem Handeln bewirken wir eine zerstörerische Veränderung im hochkomplexen System der Natur, im eng verwobenen Netz des Lebens. Covid-19 ist nur ein Vorgeschmack der Auswirkungen, wenn wir nicht innehalten.

Plastik- und Industriemüll sind ein weiteres Beispiel für die menschliche Destruktivität. Nach Schätzungen der Vereinten Nationen hat »die Umweltverschmutzung durch Kunststoffe seit 1980 um das Zehnfache zugenommen. 300 bis 400 Millionen Tonnen Schwermetall,

Lösungsmittel, Giftschlamm und andere Abfälle werden aus Industrieanlagen in die Gewässer der Welt entsorgt, und die in die Ökosysteme an den Küsten gesickerten Dünger verursachten in den Ozeanen über 400 ›Totzonen‹ mit einer Ausdehnung von über 245.000 Quadratkilometern. Das ist mehr als die Gesamtfläche Großbritanniens.« Anthropogene Probleme verursachen auch Bergbau, Energieerzeugung und Urbanisierung, die die Geografie des Planeten verändern. Berge werden versetzt, um Zugang zu den darin lagernden Metallen und Mineralien zu erlangen, Flüsse umgelenkt, Staudämme zur Stromerzeugung gebaut. Öl und Kohle werden tief in der Erde geschürft, was instabile, kontaminierte Landschaften zurücklässt. Wir leben bereits 70 Prozent über der Ressourcenkapazität des Planeten. Mit dem rapiden Wachstum der Weltbevölkerung in den vergangenen sechzig Jahren und einer Verdopplung der Urbanisierungsrate in den zurückliegenden drei Dekaden hat die Geschwindigkeit der Umwälzungen drastisch zugenommen. Nicht zuletzt werden die Regenwälder, die Lungen des Planeten, immer schneller vernichtet. Derweil scheitern die meisten Versuche, die Luftverschmutzung zu verringern. Zwar ist die von Fahrzeugen, Schiffen und Fabriken verursachte Schadstoffbelastung der Luft heute weniger sichtbar, doch die freigesetzten Gaspartikel sind nicht ungefährlicher als in der Vergangenheit. Laut Weltgesundheitsorganisation atmen heute neun von zehn Menschen verunreinigte Luft, sieben Millionen Menschen pro Jahr sterben daran. Luftverschmutzung ist eine der häufigsten Todesursachen unserer Zeit.

Die menschliche Destruktivität wirkt in einem Tempo und Ausmaß, dass die Folgen uns zu überwältigen drohen. Dies gilt insbesondere für den Klimawandel, mit Abstand das größte vom Menschen verursachte Umweltproblem. Seit Jahrzehnten weiß die Wissenschaft, dass die Durchschnittstemperatur der Erde steigt, und dies mit immer größerer Geschwindigkeit. Ursächlich ist die Art und

Weise, in der die wachsende Weltbevölkerung Energie und Nahrungsmittel erzeugt. Dabei entstehen Treibhausgase in einer Menge, die über das hinausgeht, was die Natur absorbieren kann. Steigt die Konzentration dieser Gase in der Atmosphäre, wird ein Großteil der Sonnenwärme »gefangen«. Dadurch erwärmt sich der Planet. Die durchschnittliche Temperatur an der Erdoberfläche liegt heute um 1,1 Grad Celsius über der Temperatur zu Beginn der Industriellen Revolution. Die Abweichung erscheint gering, doch sie ist der höchste Wert der letzten drei Millionen Jahre. Dieser Temperaturanstieg lässt Meerestiere sterben, Berge bröckeln, Ernteerträge zurückgehen. Es gibt mehr Stürme, ein erhöhtes Waldbrandrisiko, längere Dürreperioden. Mit dem Schmelzen des Permafrosts in Kanada und Sibirien werden unterirdische Gase freigesetzt, Gletscher verschwinden, Wälder sterben.

Der Klimawandel ist folgenschwerer als andere Umweltprobleme: Er ist existenziell. Nimmt die Konzentration der Treibhausgase weiter zu, erreicht die Welt in zwölf bis fünfzehn Jahren einen dramatischen *tipping point*, einen Umkipppunkt. Eine weitere Erwärmung wird man nicht mehr beherrschen können. Wenige Dekaden später wird die Durchschnittstemperatur gar ihr höchstes Niveau in zehn Millionen Jahren erreicht haben. 2100 würde die durchschnittliche Temperatur der Erdoberfläche die wärmste der vergangenen 45 Millionen Jahren sein. Der größte Teil des Planeten würde so schrittweise für fast alle heutigen Lebensformen unbewohnbar. Das wird übrigens selbst dann geschehen, wenn alle Bedingungen des Pariser Klimaabkommens von 2015 eingehalten werden. Heißt: Was die Regierungen bislang vereinbart haben, reicht keinesfalls aus, um die Katastrophe abzuwenden.

Viele Menschen, insbesondere in Nordeuropa, kennen die Szenarien und wissen, was auf dem Spiel steht. Sie wünschen sich entsprechend einen Übergang in ein System der Nachhaltigkeit. Und sie selbst versuchen, ihren Beitrag zur Überwindung der ökologischen Probleme der Welt zu leisten: indem sie Elektroautos kaufen, Müll recyceln, Plastikverpackungen vermeiden und weniger fliegen. Unternehmen investieren in erneuerbare Energie und pflanzen Bäume. Die traurige Wahrheit aber ist: Im Grunde bringt keine dieser Maßnahmen etwas. Die Absichten sind ehrenwert, doch individuelles Handeln kann das Schicksal der Menschheit nicht ändern. Es reicht nicht, Transparente zu malen, auf die Straße zu gehen, zu demonstrieren und die Regierungen aufzufordern, mehr zu tun. Auch das Pflanzen von Bäumen bringt uns nicht weiter. Bäume brauchen Jahrzehnte, um zu wachsen. Das dauert zu lange. Das Klimaproblem erfordert eine wirkliche Lösung. Jetzt.

Derzeit wird nach Justierungen gesucht, die an unserer Lebensweise so wenig wie möglich ändern: Die Wirtschaft wird also nur graduell modifiziert, Investments nur ein wenig reduziert und ein bisschen in grüne Technologien investiert. Es wird die einfache, tröstliche, nicht-disruptive Lösung präferiert. Die es aber nicht gibt. Das Klimaproblem hat ein so gigantisches Ausmaß angenommen, dass praktisch jede/r auf der Erde freiwillig oder gezwungenermaßen die eigene Lebensweise ändern muss. Was es also braucht: Umweltverschmutzende Unternehmen müssen geschlossen werden, Flüge darf es nicht mehr geben, die Fahrt mit dem Auto ist massiv einzuschränken. Schluss mit der Abholzung der Wälder. Die Landwirtschaft muss radikal reformiert werden. Oder kurz: Das heutige Wirtschaftssystem muss abgeschafft werden, gleichgültig mit welchen Konsequenzen. Ohne eine Veränderung in dieser Größenordnung hat Handeln keinen Sinn mehr. Vegan zu leben wird die Menschheit nicht retten.

Was aber blockiert diese so große, so nötige Veränderung? An Nachweisen, dass die Lage ernst ist, mangelt es bekanntlich nicht. Doch das moderne Denken ist geprägt von einer Doktrin, einem Glaubenssystem, das menschlichen Fortschritt vor allem über Wirtschaftswachstum definiert. Die Ökonomie bestimmt nahezu ausschließlich den Wert einer Gesellschaft und den Blick des Menschen auf die Natur. Dabei fußt die moderne Ökonomie auf drei Prämissen: Märkte sollten so wenig wie möglich reguliert werden, Wirtschaftswachstum erhöht den Lebensstandard, unerwünschte Nebeneffekte sind zu ignorieren. Das Dogma der minimalen Regulierung der Märkte präsentieren die Wirtschaftswissenschaftler unserer Zeit als quasi naturgegeben. Frei von jeder staatlichen Einmischung agierende Unternehmen investieren, so erzählen sie uns, um den Wohlstand zu mehren. Doch das Wort »Markt« beschreibt nichts anderes als den Prozess des Kaufens und Verkaufens – und es gibt keinen logischen Grund, warum diese menschliche Aktivität weniger Regeln unterliegen sollte als andere. Überdies gibt es keinen Beleg für die Annahme, dass nur minimal regulierte Märkte, geleitet von irgendeiner unsichtbaren, himmlischen Macht, den Interessen der Gesellschaft langfristig am besten dienen. Im Gegenteil: Es gibt zahllose Beispiele dafür, dass zu wenig Regulierung unethische Geschäftspraktiken begünstigt und Menschen dazu verleitet, bevorzugt den eigenen, oftmals sozial destruktiven Gewinn zu verfolgen. Vieles spricht dafür, dass mangelnde Kontrolle die Gier fördert, weil sie ein Anreiz ist, Profit vor jede soziale Verantwortung zu stellen. Der Dieselskandal und die Finanzkrise von 2008 sind Folgen genau solch defizitärer Aufsicht.

Auch dass Wirtschaftswachstum zu mehr Wohlstand führt, stimmt schlicht nicht. In den vergangenen zwanzig Jahren boomte die globale Wirtschaft mehr denn je. Gleichzeitig verschlechterte sich in vielen Ländern der durchschnittliche Lebensstandard, die Ungleichheit nahm zu. Das Wirtschaftswachstum verhalf Hunderten von Millionen Menschen nicht zu mehr Wohlstand. Und weitere Folgen sind absehbar: Wenn Städte wegen des steigenden Meeresspiegels von der Küste ins Landesinnere verlagert werden müssen, wenn Soldaten geschickt werden, um Migrantenströme zu verwalten, oder Häuser auf von Waldbränden verwüsteten Flächen neu gebaut werden müssen. Natürlich fördern derartige Projekte ökonomisches Wachstum – eine Verbesserung des Lebensstandards bedeuten sie jedoch keineswegs. Die destruktivste Annahme der modernen Ökonomie bündelt sich in der Empfehlung, unbeabsichtigte Konsequenzen zu ignorieren. Wenn die Natur Schaden nimmt, vergiftet oder vernichtet wird, sind das »Externalitäten«, sagen die Ökonomen, nicht intendierte Folgen. Naturschutz fällt demnach nicht in die Verantwortung von Unternehmen. Dafür sei der Staat zuständig, der sonst vermeiden solle, Unternehmen mit allzu vielen wachstumshemmenden Restriktionen zu belasten. In dieser Logik wird die Natur vor allem als Quelle für Rohstoffe und potenziellen Reichtum verstanden. Der Wunsch nach permanenter Ertragssteigerung, nach Profitmaximierung ohne Rücksicht auf die sozialen Folgen führt zum Ausbau von Flughäfen, zu immer mehr Autos und Kreuzfahrten – gleichgültig wie umweltschädlich all das ist. Wer den Unternehmensertrag an erste Stelle setzt, beurteilt das Schmelzen der Eiskappen nicht als Gefahr, sondern als Chance. Als Chance für neue Schiffsrouten. So zeitigt die moderne Wirtschaftsdoktrin unmittelbare Konsequenzen für die Erdatmosphäre.

Um das Tempo der Erwärmung des Planeten zu verlangsamen und die existenzielle Katastrophe zu vermeiden, muss sich die Gesellschaft von ihren Irrtümern verabschieden. Solange dies nicht geschieht, sind wir – so Wirtschaftshistoriker Richard Smith in »Green Capitalism – The God that Failed« – »alle an Bord des Hochgeschwindigkeitszuges der unersättlichen und zunehmenden Plünderung und Vergiftung unserer Umwelt. Während die Lokomotive auf die Klippen des ökologischen Kollapses zurast, denken unsere politischen Führer einzig daran, wie sie ihren ICE noch schneller fahren lassen können. Wir sind zum kollektiven sozialen Suizid verdammt, und gleichgültig, wie intensiv wir am Markt herumbasteln: Die Fahrt in den Ökokollaps geht ungebremst weiter.«

Anstatt weiter Wachstum zu propagieren, muss die

Gesellschaft einen Weg finden, im Gleichgewicht mit der Natur zu leben. Alle überflüssigen, Abfall produzierenden und die Umwelt verschmutzenden Industrien müssen abgeschaltet werden, jedes Unternehmen, das Treibhausgasemissionen produziert, gehört geschlossen. Gleichzeitig brauchen wir einen radikalen Neubeginn in der Landwirtschaft und den endgültigen Stopp des Kahlschlags der Wälder. Die politischen Führer hingegen fördern unablässig Konsum und Wirtschaftswachstum – auch wenn sie den Tod bringen. Und auch eine Partei wie Die Grünen oder Nichtregierungsorganisationen wie WWF oder Greenpeace sind hier keine Alternative mehr, sie sind inzwischen einfach zu konventionell geworden. Unsere Gesellschaft muss sehr viel radikaler und ehrgeiziger werden. Neue Köpfe, neue Ideen werden gebraucht.

Das Problem ist konstitutionell: Denn eng verknüpft mit dem Dogma der modernen Ökonomie ist die moderne Vorstellung von Demokratie. Die Mehrzahl der Menschen in der reichen Welt möchte glauben, dass sie in einer offenen und demokratischen Gesellschaft lebt. Die alten Griechen jedoch, auf deren Ideen sich die heutige Verfassung angeblich stützt, hätten unser System keineswegs als demokratisch bezeichnet. Ihre Gesellschaft wurde nicht von einer kleinen Gruppe gewählter Vertreter verwaltet, sondern von einer großen Gemeinschaft politisch aktiver – mündiger – Bürger gestaltet. Sie machten nicht nur alle paar Jahre ein Kreuzchen auf dem Wahlzettel, um sich dann zurückzulehnen und die von ihnen gewählten Volksvertreter zu kritisieren. So stellen die modernen Demokratien mit Blick auf eine derart große und komplexe Herausforderung wie den Klimawandel ein gigantisches Hindernis dar. An ihre Spitze wählen sie nicht selten Personen, die sowohl unwissend als auch für die Aufgabe ungeeignet sind. Zudem wird die Demokratie vielfach von der Wirtschaft und den Vermögenden massiv korrumpiert. Diese zahlen, um Einfluss auf Wahlen zu nehmen, oder leisten Lobbyarbeit für Gesetze, die allein ihren Interessen dienen. Langfristige Konzepte sind so aussichtslos. Weiterhin unlogisch ist – ungeachtet des modernen Gleichheitsgedankens – die »demokratische« Vorstellung, alle Stimmen seien gleich viel wert. Verstehen doch manche viel von Politik, Wirtschaft und dem Wahlsystem, während andere all dies überhaupt nicht interessiert. Ermutigt durch aktuelle Interpretationen von Demokratie und populäre Vorstellungen von individueller Freiheit meint die Gesellschaft dennoch, dass alle Wahlstimmen gleichberechtigt sein sollten, dass jede Meinung gleichermaßen wichtig sei. Für die monumentale Herausforderung des Klimawandels ist das problematisch. Denn wenn jede Stimme gleichermaßen zählt, muss es eine Mehrheitsentscheidung für die unabdingbare radikale Gesellschaftsveränderung geben. Die Einführung der konsequenten Gesetze, die den schädlichen Emissionen ein Ende machen und die Katastrophe vermeiden helfen sollen, erfordert die Zustimmung der Mehrheit an Wählern, obwohl viele von diesen gar nicht verstehen, wie groß und drängend das Problem ist. Außerdem müssen die Wählenden einem Wandel zustimmen, der kurzfristig für die meisten von ihnen zumindest materiell eine Verschlechterung bedeutet. Dazu werden sich nur wenige durchringen.

Die heutige Vorstellung von Gleichberechtigung und Individualität lässt uns denn auch glauben, dass wir eine bessere Welt schaffen können, indem wir unser Einkaufsverhalten ändern. Dass wir persönlich für die Umweltprobleme der Welt verantwortlich sind. Und dass jeder Kunde König ist. Soziale und ökologische Probleme werden durch individuelles Fehlverhalten verursacht, lautet das ökonomische Narrativ unserer Zeit. Die Verantwortung liegt nicht beim Big Business, multinationale Konzerne werden von jeder Schuld freigesprochen, reagieren sie doch nur auf die Anforderungen des Marktes. So neutralisiert schließlich die ökonomische Doktrin die Stimmen der Experten. Sie übertönt die Intelligenten und Informierten mit den Parolen der schlecht informierten Mehrheit. Im Ergebnis können ihre Profiteure die Welt weiter sozial und ökologisch plündern. Für Richard Smith »nutzt die Demokratie, um das Bewusstsein zu dämmen, Selbstgefälligkeit zu nähren und Widerstand zu verzögern«, was die liberale Demokratie zur »Zombie-Demokratie« mache, »mit verheerenden Folgen«. Die Konsequenz: Ein Richtungswechsel ist nötig, wir müssen grundlegend umdenken. Zumal die herrschende ökonomische Weltsicht weder naturgegeben noch für alle Zeit festgeschrieben ist. Die moderne Ökonomie ist nur eine Sammlung von Glaubenssätzen, die man akzeptieren, ablehnen oder verändern kann. Es sind die Menschen, die entscheiden, was die Gesellschaft für richtig oder für falsch hält. Es sind die Menschen, die entscheiden, welchen Wert etwas hat und wie man sich verhalten soll. Menschen bestimmen die Indikatoren für Erfolg und legen die Zeithorizonte fest, die sie für sinnvoll halten. Menschen entscheiden, welche Beziehungen sie zueinander haben und welche Beziehung zwischen Gesellschaft und Umwelt bestehen soll. Menschen entscheiden, was ihnen zusteht oder ihre Pflicht ist, was sie unter Freiheit und Ordnung verstehen. Wenn die Menschheit sich von ihrer selbst auferlegten ökologischen Bürde befreien will, muss sie begreifen, dass das moderne Wirtschaftsdenken – der Kapitalismus – die Ursache ihrer Probleme ist, nicht die Lösung.

Moralisch zu argumentieren genügt nicht. Ich erwarte, dass die Leute in fünf bis zehn Jahren das gesamte politische System in Frage stellen und sehr wütend sein werden. Wir befinden uns am Beginn einer großen politischen Bewegung, die sich gegen die Zerstörung unseres Planeten richtet, um mit der Umwelt in ein harmonisches Verhältnis zu treten, ihr Wächter zu werden. Errungenschaften und Fortschritt dürfen nicht länger an materiellem Gewinn oder der Schaffung von Reichtum gemessen werden. Musik, Literatur, Kunst, Tanz, Theater, Religion und Philosophie sind wichtiger und weniger destruktiv. Ebenso wichtig ist der Versuch, sich gegenseitig und das Universum besser zu verstehen. Es geht um eine neue Aufklärung: Zweck und Bedeutung der Menschheit sind neu zu bestimmen. Es ist eine Frage der Reife, zu erkennen, dass wir dafür verantwortlich sind, die Probleme, die wir geschaffen haben, zu lösen, anstatt uns von ihnen überwältigen zu lassen und tatenlos zuzuschauen. Wir brauchen also einen gesellschaftlichen, keinen technologischen Wandel. Statt durch eine Erhöhung des materiellen Konsums kann die Menschheit künstlerisch, kulturell, intellektuell und technologisch wachsen. Wir haben so die Riesenchance auf eine blühende, menschliche Entwicklung, auf eine Wiedergeburt. Die zurzeit herrschende Covid-19-Pandemie zwingt uns zum Nachdenken, bietet aber auch die Gelegenheit, eine neue Ära einzuläuten, die sich von radikal neuen Ideen inspirieren lässt. Wenn wir bereit sind, alles infrage zu stellen, können wir die Grundlagen für eine dauerhafte Zivilisation schaffen. Dann kann die Klippe, auf der wir stehen, zu einem der großen Momente in der Geschichte der Menschheit werden.

III. Klimawandel

Ausgelaugt – der Burn-out des Planeten

Fette Jahre

Für ein paar Jahre in der Illusion,
Wir könnten alles haben und es steht uns zu.
Haben wir nicht längst unser Maß verloren?
Und tauschen Ideale ein für den Konsum.

Wir wollen's jetzt und gleich.
Wir wollen immer mehr, weil's irgendwie nie reicht.

Die fetten Jahre sind schon bald vorbei,
dann kommt der große Hunger, nach dem großen Fressen.
Die Kinder fragen dann, du warst doch dabei.
Warum hast du uns verraten? Warum
hast du uns vergessen?

Wir glauben allzu gern, was wir alles brauchen.
Wir haben keinen Hunger mehr, doch fressen weiter.
Wir sind glücklich, wenn die Schornsteine rauchen,
und glauben heimlich, dass wir niemals scheitern.

Wenn wir später sehen, wer wir heute waren,
wundern wir uns nicht über all die Krisen.
Wir sind viel zu satt, um das alles satt zu haben,
und für den Frieden viel zu selbstzufrieden.

Wir wollen's gleich und jetzt
und wundern uns, wer diese Welt in Flammen setzt.

SLIME, 2020

Mojib Latif

Auf Kurs Worst Case: Eine Lektion – und drei Prinzipien

Die Natur ist gnadenlos. Man kann mit ihr weder verhandeln noch Kompromisse schließen. Wirtschaftswachstum ist der Natur egal, ebenso egal wie Ideologie. Die Natur folgt Gesetzmäßigkeiten, die die Menschheit außer Kraft zu setzen nicht imstande ist. Eine davon ist: Solange der Gehalt an Kohlendioxid in der Luft steigt – wie es seit Beginn der Industrialisierung der Fall ist –, wird es immer wärmer auf dem Erdball. Wird dieser Prozess nicht begrenzt, würde das Auftauen der Permafrost-Gebiete zusätzliche Treibhausgase in die Atmosphäre freisetzen und die mit zunehmender Erwärmung weniger Kohlendioxid aufnehmenden Ozeane würden die planetare Überhitzung weiter verschärfen.

Das Paradox: Die Weltpolitik weiß um diese Gesetzmäßigkeiten durchaus, auch die Notwendigkeit eines weitreichenden Umsteuerns ist akzeptiert, spätestens mit der historischen Verständigung von Paris 2015. Seinerzeit mutete es so an, dass verstanden wurde: Probleme, die mit unserer natürlichen Umwelt zu tun haben, kann man nicht aussitzen, sie müssen angegangen werden. Nichtstun und selbst spätes Handeln rächen sich bitter. Eine Lektion, die zuletzt noch einmal in anderer Sache deutlich wurde, sogar im Schnelldurchlauf – im Rahmen der größten globalen Krise seit dem Ende des Zweiten Weltkriegs: Die Corona-Pandemie führte der Menschheit nicht nur im Zeitraffer vor, wie wenig sachgerecht in aller Regel ihr Umgang mit globalen Herausforderungen ist. Sie zeigt überdies drei Prinzipien auf, die auch für die Bewältigung der vergleichsweise langsam ablaufenden Klimakrise gültig sind: Kooperation, Verantwortung, Wissen.

Die von der Menschheit ausgestoßenen Treibhausgase verweilen Jahrzehnte, eher Jahrhunderte, in der Atmosphäre und verteilen sich über den Erdball. Es ist völlig irrelevant, wo die Emissionen stattfinden: Alle Regionen sind betroffen, territoriale Begrenzungen haben keine Bedeutung. National ist der Klimakrise entsprechend nicht beizukommen. Gleiches ist auch im Falle des so unbarmherzig grenzenlos wütenden Virus zu beobachten. Sein in China gestarteter Feldzug um den Globus wäre vermeidbar gewesen, hätte das Reich der Mitte umgehend bei Bekanntwerden der ersten Infektionen gehandelt – und nicht versucht, das Problem unter der Decke zu halten, wie es unter diktatorischen Regimen üblich ist. Vielmehr hätte die in Gestalt der Weltgesundheitsorganisation erfreulicherweise vorhandene supranationale Ebene eingeschaltet werden müssen. Mit einer gemeinsamen Kraftanstrengung aller Länder wären die Auswirkungen der Infektion bei weitem nicht so dramatisch ausgefallen. In gleicher Weise wie dem weltumspannend leidbringenden Erreger kann auch der nicht minder globalen Herausforderung des Klimawandels nur global effektiv begegnet werden. Internationale Kooperation ist das einzig probate Mittel gegen die weitgehend ohne Regeln ablaufende Globalisierung, gegen einen entfesselten Kapitalismus, der Ungerechtigkeit und Spaltung verstärkt – zentrale Ursachen, warum wir bei der Bewältigung der Klimakrise nicht vorankommen. Ohne deren Korrektur ist das Klimaproblem nicht lösbar, das Auseinanderbrechen der Welt programmiert.

Für den anspruchsvollen Weg sind engstirnig, weil nationalstaatlich, agierende Populisten gänzlich ungeeignet. Die Trumps und Bolsonaros sind nichts weiter als Dampfplauderer. Sie lügen, dass sich die Balken biegen. So wie der US-Präsident und Brasiliens Staatschef die Gefahr durch die Pandemie lange nicht ernst genommen, sich vielmehr darüber amüsiert haben, so führen sie auch die internationale Phalanx der Klimaleugner an. So wie Trump seinen Landsleuten verantwortungslos empfiehlt, sich Desinfektionsmittel gegen das Corona-Virus zu injizieren, wie er alles und jeden für die Pandemie verantwortlich macht und in der Konsequenz aus der für ihn lästigen Gemeinschaft der Weltgesundheitsorganisation aussteigt – so bestreitet er auch den menschlichen Einfluss auf das Klima, propagiert Kohle als Zukunftsenergie und kündigt das Pariser Klimaabkommen auf. Da ist es schon ein Verdienst von »Corona«, dass es – einmal mehr – diese Populisten entlarvt hat: als egomane, egozentrische und egoistische Spezies. An sie dürfen wir diese Welt nicht herschenken.

Gesucht sind in diesen Zeiten mehr denn je verantwortungsvolle Politikerinnen und Politiker, die fakten- und wissensbasiert agieren. Denn wir haben kein Erkenntnisproblem. Wir haben ein Umsetzungsproblem. Bereits 1972 haben Wissenschaftler des Club of Rome die Grenzen des Wachstums analysiert und die damit einhergehenden drastischen Verschlechterungen der Lebensbedingungen beeindruckend detailreich prognostiziert. Derlei inzwischen zahlreich verfügbare wissenschaftliche Expertise muss endlich handlungsleitend werden. Sowohl die Corona- als auch die Klimakrise sind nicht vom Himmel gefallen. Vor der einen wie der anderen warnen Heerscharen von Wissenschaftlerinnen und Wissenschaftlern seit Jahren. Vorsorge wurde und wird im einen wie anderen Fall so gut wie nicht getroffen. Dabei hat auch ein neuartiges Virus mit seiner Gefahr für über sieben Milliarden Erdenbewohner in der deutschen Politik niemanden überraschen können: In einer allgemein zugänglichen Drucksache des Bundestags wurde 2013 bereits ein Szenario vorgestellt, das man getrost als Blaupause für die jüngste Pandemie bezeichnen kann: eine virale Infektionswelle, für die zahlreiche neuralgische Aspekte identifiziert wurden – von der Überlastung des Gesundheitssystems bis zum Mangel an Arzneien, Schutzausrüstungen und Desinfektionsmitteln. Trotzdem war auch Deutschland, wie viele andere Länder, weitgehend unvorbereitet. Ein unverzeihliches Versagen derer, denen das Gemeinwesen anvertraut ist. Wider besseres Wissen. Gleiches gilt für den Klimakollaps, auf den Forscherinnen und Forscher seit Jahrzehnten unablässig hinweisen, ihn minutiös belegen. Trotzdem steigt der Ausstoß der Treibhausgase, mithin die Überhitzung des Planeten. Kontinuierlich. Ebenso beständig, wie die Realisierung zukunftsweisender Konzepte für eine neue Mobilität, erneuerbare Energieversorgung oder nachhaltige Landwirtschaft auf sich warten lässt. Die jeweiligen Lobbys leisten hier hoch engagiert und großzügig alimentiert ganze Arbeit.

So können heute Anspruch und Wirklichkeit kaum weiter auseinanderliegen als in der internationalen Klimaschutzpolitik. Der Planet ist auf Kurs Worst-Case-Szenario. Bei Lösungskonzepten fortlaufend den Verzicht in den Fokus zu stellen, ist jedoch destruktiv. Vielmehr lohnt es sich, für eine gute Umwelt zu kämpfen. Das bringt uns auch als Gesellschaft weiter. Nie hätte ich es für möglich gehalten, dass die innerdeutsche Mauer einmal friedlich fallen wird. Oder dass die Menschen, die sich in der Anti-Atomkraft-Bewegung mit einem gemeinsamen Ziel vereint haben, eine grundlegende Wende in der Energiepolitik herbeiführen können. Auch für die Klimawende braucht es weltweit eine Lawine – für uns wie die nachfolgenden Generationen. Die Menschheit kann die gewaltigen Herausforderungen bewältigen, wenn sie Eigeninteressen gegenüber den Interessen der Allgemeinheit zurückstellt. Persönlich, in der Wirtschaft, in der Politik. Auf allen Ebenen eben: Kooperation.

Gegen die tägliche Verantwortungslosigkeit – Für ein kollektives Bewusstsein

Vor einhundert Jahren schrieb der französische Philosoph Paul Valéry ein kleines Buch, in dem er die intellektuelle, philosophische und moralische Dimension des Ersten Weltkriegs analysierte, der soeben Europa verwüstet hatte. Sein Essay mit dem Titel »Die Krise des Geistes« beginnt mit dem berühmten Satz: »Wir Kulturvölker, wir wissen jetzt, dass wir sterblich sind.« Im Folgenden führt Valéry aus: »Wir sehen jetzt, dass der Abgrund der Geschichte Raum hat für alle. Wir fühlen, dass eine Kultur genauso hinfällig ist wie ein einzelnes Leben.« Diese Erkenntnis ist uns heute mehr denn je bewusst: Eine Kultur, die Zivilisation, ist ebenso fragil wie ein Leben. Wir wissen, dass der Wahnsinn des Krieges, der abrupte Flächenbrand, nicht die einzige Bedrohung ist, die ein Leben beenden kann. Tatsächlich ist es die Welt selbst, so wie sie in unserer Zeit funktioniert: unsere tägliche Verantwortungslosigkeit. Es sind die langfristigen Folgen unserer ökonomischen und energiepolitischen Entscheidungen, die unsere Zivilisation bedrohen. Das konsumorientierte Modell unserer Zeit ist destruktiv, gleichwohl scheinen wir daran festhalten zu wollen. Angesichts der wiederholten Warnungen der Wissenschaft vor den Folgen – wie dem Klimawandel oder dem Verschwinden von Tier- und Pflanzenarten – können wir aber die Tatsache nicht länger ignorieren, dass unsere

Kultur sterblich ist. Sie tötet sich. Und unsere Kultur tötet den Planeten, unser Habitat.

Dabei wissen wir doch, wie wir Leben retten können: Konfrontiert mit der Covid-19-Pandemie haben wir die Welt im wahrsten Sinne des Wortes angehalten – um Leben zu retten. Wir waren bereit, unseren Komfort einzuschränken, um für uns und für andere zu sorgen. Wir waren einverstanden, einen Teil unserer Freiheit aufzugeben. Wir riskierten unsere Arbeit, unseren Reichtum, unseren Wohlstand. Kurz: Wir verständigten uns darauf, das, was wir als Essenz unserer Kultur erachten, in den Standby-Modus zu versetzen. Tatsächlich erwiesen wir uns als zivilisierter, als wir selbst gedacht hätten. Denn um jeden Preis Leben zu retten, einen Teil von uns zu opfern, um unseren Nächsten zu helfen – das ist der schönste Beweis für das, was das Wesen einer Zivilisation ausmacht. Es ist genau das Gegenteil von dem, was die schrecklichen Verluste des Ersten Weltkrieges darstellten, die Paul Valéry zu seinen warnenden Schlussfolgerungen trieben. Doch die mutigen, verantwortungsvollen und großzügigen Entscheidungen, die wir im Angesicht der Pandemie trafen, werfen eine Frage auf: Warum fällt es uns so schwer, uns gleichermaßen zu bemühen, unsere Zivilisation, unseren Planeten und unsere Kinder vor dem Ökokollaps zu bewahren?

Dieses Paradoxon steht im Zentrum der Schwierigkeiten, die all jene erfahren, die sich ebenso wie ich engagieren – und die jetzt sehen, dass einige Wochen der Gesundheitswarnungen geschafft haben, was durch jahrzehntelanges Mahnen nicht gelang: die Förderung eines wirklich kollektiven Bewusstseins, das in mutiges und wirksames Handeln mündet. Vor diesem Hintergrund möchte ich die wichtigsten Herausforderungen unseres Jahrhunderts anhand einiger Fragen kurz skizzieren: Was können wir tun, damit die Rettung unserer Kultur ebenso entschlossen vorangetrieben wird wie die Rettung einzelner Leben? Was können wir tun, damit die Bedrohung unserer Umwelt als ebenso dringlich wahrgenommen wird wie die Bedrohung unserer Gesundheit? Was können wir tun, damit unsere Mitmenschen verstehen, dass es uns nicht nur um den Schutz der Gletscher und der Arten geht, sondern um die Rettung unserer Kinder und Kindeskinder? Was können wir tun, damit alle realisieren, wie es auf einem Planeten aussähe, dessen Temperatur – wie einige Wissenschaftlerinnen und Wissenschaftler prognostizieren – in wenigen Jahrzehnten fünf bis sieben Grad über der jetzigen liegen könnte? Was können wir tun, damit verstanden wird, dass Kriege und Hungersnöte unvermeidlich sind, wenn wir nicht handeln? Was können wir tun, um die Menschen zu ermutigen, sich gegen diese Tragödien zu erheben, die heute noch weitgehend fiktiv anmuten?

Es gibt Tausende von wissenschaftlichen, technischen und politischen Konzepten für die Lösung der Klimakrise und des Artensterbens. Wenn diese Lösungen jedoch nicht auf philosophischem Wandel basieren, sind sie nicht ausreichend, um unsere Kultur zu retten. Somit ist der philosophische Wandel – ein grundlegend neues Bewusstsein des Menschen – eine der größten Herausforderungen dieses Jahrhunderts.

Eckart von Hirschhausen

Kommt ein Planet zum Arzt ... Kein Witz

Eine der atemberaubendsten Szenen in der Naturdokumentation »Unser Planet« zeigt, wie Wildtiere durch die Ruinen von Tschernobyl streunen. Dort, wo 1986 das Reaktorunglück stattgefunden hat, haben sich Pflanzen und Tiere ihr Terrain zurückerobert. Nach nur zehn Jahren wuchs Wald, dann kamen auch die Tiere wieder. Heute leben in der Geisterstadt Hasen, Vögel, Rehe, Pferde und sogar Wölfe. Die sehr zu empfehlende Netflix-Serie wurde vom beseelten britischen Filmer David Attenborough kommentiert. Und es braucht gar keine großen Worte, die Bilder sprechen für sich, wie da friedlich Pferde grasen zwischen den surrealen Betonbauten. An den Menschen erinnern nur noch seine Artefakte, das, was er aus der Erde geholt, geformt und hingeklotzt hat. Das Paradies kommt erst zurück, wenn wir uns vom Acker machen? Ein Bild für die Welt in gar nicht so ferner Zukunft?

Der britisch-ghanaische Historiker Kwame Anthony Appia spricht mit Blick auf wichtige zivilisatorische Menschheitsumbrüche von »moralischen Revolutionen«. Und egal ob es um die Abschaffung der Sklaverei oder die Einführung des Frauenwahlrechts oder die weltweite Bannung von atomaren Waffen geht, immer wieder tauchen in dem Prozess ähnliche Stadien auf. Zuerst finden alle, dass es so sein muss, wie es ist. Dann fangen einzelne an, zu zweifeln, ob das wirklich alles so zwingend, gottgegeben oder alternativlos sein muss. Nach und nach bricht sich das neue Denken gegen heftigen Widerstand Bahn – bis zu dem spannenden Punkt, an dem man hinter eine kollektive Erkenntnis nicht mehr zurückkann. Und alle sich im Rückblick fragen: Wie konnten wir das jemals für akzeptabel halten?

Der Umgang mit der Herausforderung von Klimawandel und Nachhaltigkeit kann als die große anstehende »moralische Revolution« des 21. Jahrhunderts verstanden werden – bei der wir aber leider noch erst am Anfang des Prozesses stehen. Dabei haben wir nur noch wenige Jahre, um vor allem in der Energieversorgung komplett weg von der Verbrennung von Öl, Gas und Kohle zu kommen. Momentan verballern wir jeden Tag die Energie, die Mutter Erde in über tausend Jahren gespeichert hat. Kein Wunder, das geht nicht mehr lange gut. Und Atomenergie ist nicht Teil der Lösung.

Wenn mich jemand energiepolitisch in die Enge treibt, kann ich wie auf dem Schulhof sagen: Ich hole meinen großen Bruder. Einer meiner beiden großen Brüder ist dankenswerterweise Experte für den Strommarkt. Christian hat als Professor und Forschungsdirektor am Deutschen Institut für Wirtschaftsforschung jahrelang Gutachten produziert und der Politik vorgelegt, warum man in Deutschland keine Braunkohle und auch keinen Atomstrom braucht. Gehört wurde auf andere. Eigentlich ist er ein ziemlich introvertierter Mensch, aber irgendwann platzte ihm der Kragen und er fuhr mit seinen Studierenden auf eine Exkursion zum Hambacher Wald. Zufälligerweise fand genau an dem Tag dort eine Demo statt. Er begründete diesen Schritt in einem Interview, das mit uns beiden geführt wurde, so: »Ich glaube, dass es grundlegend falsch ist, zu denken, dass die Politik in der Politik stattfindet und dass die Wissenschaft nur dazu da ist, dort Informationen zu geben. Mir ist es auch ein Anliegen, das den Studierenden mitzugeben, und vor Ort lernt man am meisten. Derselbe Konzern, der sich jetzt öffentlich für erneuerbare Energien starkmacht, baggert heute kurz vorm Hambacher Wald weiter Kohle ab. Das ist ein Skandal.«

Christians Tochter Clara geht auf die »Fridays for Future«-Demos in Berlin. Eines meiner Lieblingsplakate von Fridays for Future lautet: »Why get an education when nobody listens to the educated?« Es sind die Klügsten und Engagiertesten, die jetzt auf die Straße gehen. Wenn die erleben, dass sie so viele sind, aber dennoch nichts passiert, dann geht einer ganzen Generation der Glaube an die Demokratie flöten. Als einzelne Politiker meinten, Klimaschutz sei am Ende ohnehin eine »Sache für Profis«, schlossen sich innerhalb kürzester Zeit über 26.000 Profis zusammen, um als »Scientists for Future« in der Bundespressekonferenz zu erklären: Das Anliegen der jungen Menschen ist vollkommen berechtigt. Und als der YouTuber Rezo dann in seinem ersten viralen Video 20 Millionen Menschen erreichte, hatten die darin enthaltenen Sekunden aus der Pressekonferenz wahrscheinlich mehr Aufmerksamkeit generiert als die ganze wissenschaftliche Veröffentlichung.

Als ich als einer der Köpfe der Scientists for Future die Einladung bekam, auf einer der ersten großen Fridays-Demos in Berlin zu sprechen, wollte ich das deswegen auch auf keinen Fall alleine, sondern mit Clara und Christian ein Generationenprojekt daraus machen. Das Politischste, was man gerade machen kann, ist zunächst einmal, miteinander zu reden, in jeder Familie, in jeder Kollegenschaft, in jeder Kirchengemeinde und in jedem Fußballverein – und eine Haltung zu finden. Ja, auch im Fußball, denn wie willst du bei 40 Grad noch rennen? In Spanien beginnen die Fußballspiele erst abends, weil es am Nachmittag viel zu heiß ist. Und wenn die Sportschau verlegt werden muss, weil um 15.30 Uhr alle aus dem letzten Loch pfeifen und kein Anpfiff möglich war, dann wissen Millionen weitere Menschen in Deutschland: Die Klimakrise ist echt. Und sie ist hier. Nicht nur in Afrika und der Arktis.

Unser Vater war »educated«, arbeitete als theoretischer Chemiker und war – als wir Kinder waren – wie die allermeisten in der Zeit voll in diesem Nachkriegsmythos gefangen: Wir brauchen Atomkraft und sie ist sicher. Unglaublich: In den 1960er-Jahren fanden in der »Asse«, wo heute mehr als 100.000 Fässer mit Atommüll liegen, Kindergeburtstagsfeiern statt. Hätten wir in Niedersachsen gelebt, hätten wir dort bestimmt auch gefeiert. Als Tschernobyl passierte, war ich 19, hatte gerade mit dem Medizinstudium angefangen und trampte von Berlin nach München. Im Radio kamen die Meldungen, wo sich die radioaktive Wolke gerade ausbreitet und in welche Richtung sie wahrscheinlich weiterzieht. Das Gefühl absoluter Hilflosigkeit, diese Ausweglosigkeit, weil wir uns nirgends der Strahlung entziehen konnten, hat sich mir eingebrannt. Und hat meine Generation politisiert. Ich war in Wackersdorf am Zaun und in der Nähe von Gorleben im Zelt, um mit Freuden aus der Varieté-Welt mit fröhlichem Quatsch gegen den Irrsinn anzulachen. Und dann versandete bei mir und vielen anderen wieder diese »Erweckung«. Und andere Dinge wurden wichtiger, alltagsrelevanter.

Zeitsprung, Sommer 2018: In Deutschland wurde es an vielen Orten über 40 Grad. Und wieder hatte ich dieses fiese Gefühl, du kannst nirgendwohin fliehen. Diesmal sind es Sonnenstrahlen, aber auch wieder blanke Physik, die uns in unserer Physis bedroht. Und wieder ist das Problem menschengemacht. Und komplett unnötig, wenn wir die Sonnenenergie intelligent umwandeln. Hans Joachim Schellnhuber hat sein Vermächtnisbuch »Selbstverbrennung« genannt. So fühlt sich das an, wir legen uns selber auf den Grill. Und denken noch, dass wir uns ja den Flug nach Malle sparen können, wenn es auch bei uns so heiß ist. Mein Vater war sein Lebtag nicht auf Malle. Auch nicht auf den Malediven. Er ist wahrscheinlich der nachhaltigste Mensch in unserer Familie. Seine Lebens-CO_2-Bilanz in über 85 Jahren ist wahrscheinlich niedriger als die seiner

Enkel mit 18. Er war zehn, als er als geflüchtetes Kind im Allgäu barfuß zur Schule ging, um keinen unnötigen Verschleiß an den Schuhen zu verursachen. Und Hefte wurden am Ende des Schuljahres ausradiert und wieder benutzt. Es gab das Wort »upcyling« nicht, aber es war klar, dass man nichts wegschmeißt, was noch brauchbar ist. Auch kein Essen. Heute gibt es »nachhaltige« Turnschuhe, und die Hersteller rühmen sich, dass unter den Milliarden Paaren, die sie ständig in neuen Formen und Farben rausknallen, auch ein paar Promille sind, die aus recyceltem Plastik bestehen. Dabei wird etwas sehr Offensichtliches übersehen: Das nachhaltigste Paar Turnschuhe, das es gibt, ist das, das es schon gibt. Weil du es schon hast! Mein Vater hat noch sein Original-Paar Adidas Rekord, hellblau mit weißen Streifen – wahrscheinlich sind die bei Ebay mehr wert als in seinem Schrank. Er war kein großer Sportler, hätte aber auch nie eingesehen, ein neues Paar zu kaufen, wenn es das alte noch tut. Warum ich das erzähle?

Wir müssen die Welt neu erfinden. Und uns gleichzeitig erinnern. »Wir sind hier, wir sind laut, weil ihr uns die Zukunft klaut!« Stimmt. Aber hilft uns eine Polarisierung in »ihr« und »wir« weiter? Ja, meine Generation, die ins Wirtschaftswunder hineingeboren wurde, hat komplett über die Verhältnisse konsumiert, Ressourcen verbraucht und das auch lange für selbstverständlich gehalten. Wir sind so reich wie keine Generation vor uns. Und so bedroht. Aber die Generation der Großeltern weiß noch eine Menge von dem, was wir heute wiederentdecken können: Selber kochen, Reste verwerten, auf Gemeinschaftserlebnisse als Glücksbringer zu setzen und mal ein Buch lesen – mit sehr geringem Energieverbrauch, aber großen Möglichkeiten, zwischen den Seiten in ferne Welten zu reisen. Fahrrad fahren. Fleisch am Sonntag. Urlaub im Schwarzwald. Bevor zu viel schiefe Spießernostalgie entsteht: Nichts ist gefährlicher als die Weltanschauung von Menschen, die die Welt nie angeschaut haben. Aber was habe ich bei einem Shopping-Wochenende in New York wirklich über die Welt gelernt? Als Arzt ist mir klar: Rad zu fahren ist sowieso gesünder als gestresst im Auto im Stau zu stehen. Für einen selber wie auch für alle anderen. Ich atme lieber die Abgase von zehn Radfahrern als von einem SUV. Das ist doch kein »Verzicht« und keine »Ökodiktatur«, wenn wir Gesundheit und Gemeinwohl voranstellen.

Verhalten ändert sich, wenn es andere politische Rahmen gibt. »Bei sich anzufangen« hat 30 Jahre nicht funktioniert. Schluss mit der Ökomoral – wir brauchen coole Gesetze, ehrliche Preise für Energie, ein Ende der Subventionen für eine zerstörerische Landwirtschaft und und und. All das kann ich nicht ändern, indem ich den Strohhalm und die Plastiktüte weglasse. In unserem Grundgesetz steht was von »körperlicher Unversehrtheit«, aber nichts von einem Recht auf »Auf Autobahnen so schnell zu fahren, wie ich will«. Was für ein absurder Freiheitsbegriff. Wie unfrei ist ein Leben in Hitze, mit neuen Infektionskrankheiten, mit mehr Allergien, mit Dürre, einem toten Wald und Hunger? Wir Ärzte können Fieber senken, aber keine Außentemperatur. Unser Körper hält auf Dauer maximal 41 Grad innen aus. Ende Gelände. Wir können Sauerstoff auf Intensivstationen nur in Flaschen abfüllen, wenn er vorher im Meer und im Wald gebildet wurde. Nichts von dem, was Gesundheit als Allererstes ausmacht, ist »hergestellt« – sondern von Mutter Natur geschenkt: saubere Luft, Wasser, etwas Essbares und erträgliche Temperaturen. Unser ganzer teurer Medizinapparat ist ohnmächtig, wenn wir planetare Grenzen und Kipppunkte überschreiten. Das hat uns Corona doch gezeigt, dass Wildtiere uns dann mit ihren Erregern lahmlegen, wenn wir ihnen keinen Platz zum wilden Leben lassen. Wenn Politik auf Virologen hören kann, warum nicht auch auf Klimawissenschaftler und Ärzte?

Die Klimakrise ist die größte Gesundheitsgefahr in diesem Jahrhundert. Darüber sind sich die Experten einig: die Weltgesundheitsorganisation, alle wissenschaftlichen Akademien, der Weltärztebund, der »Lancet Countdown on Health and Climate Change«, Sabine Gabrysch, die an der Charité die erste Professur für Klimawandel und Gesundheit innehat, das Potsdam-Institut für Klimafolgenforschung, die Allianz Klimawandel und Gesundheit und meine Stiftung »Gesunde Erde – Gesunde Menschen«. Die eigene Gesundheit und die der Familie liegt den allermeisten näher als ein Eisbär oder Bangladesch. Warum nutzen wir nicht ein positives »Framing«: dass weniger Stress, weniger Fleisch und weniger Auto uns guttut? In welcher Welt wollen wir leben? Und wie viel Spaß darf dabei sein? Klar sind die 17 Nachhaltigkeitsziele wichtig. Bin ich voll dafür. Aber geht es nicht auch ein bisschen einfacher: dass Leben etwas mit Freude zu tun hat – und mit Widersprüchen, die wir selber nicht völlig auflösen können? Die »Ärzte gegen den Atomkrieg« hatten ein sehr lustiges Plakat: »Eine Atombombe kann dir den ganzen Tag ruinieren.« Wir brauchen mehr Humor in der Kommunikation, damit wir uns über uns selber wundern können. Aus schlechtem Gewissen heraus ändern wir uns weniger als aus der Einsicht: Für wie blöd sollen uns eigentlich unsere Kinder und Enkel mal halten? Dabei machen uns die Kinder ja vor, wie man mit Witz demonstrieren kann. »Klima ist wie Bier – zu warm ist Scheiße!« Prost!

Ole von Uexküll

»Lasst uns nicht allein!« – Über Davi Kopenawa, Hutukara und warum sie am Amazonas auch für unser Überleben kämpfen

Davi muss kämpfen. Um das Leben seiner Leute. Es ist Frühsommer 2020, die Temperaturen steigen, der Regenwald brennt. Ein Virus hat die Welt im Griff – und die Yanomami, die größte indigene Volksgruppe im Amazonas-Gebiet, und ihr Land sind existenziell bedroht. Wieder einmal. Seit 35 Jahren kämpft Davi Kopenawa, Sprecher der Yanomami, um das Überleben der indigenen Bevölkerung im brasilianischen Regenwald. Der brennt. Nur der Wald? Nein, es brennt viel mehr. Ein ganzes Volk ist bedroht. Mit ihm der Regenwald – und damit die Lunge der Welt.

Für seinen unermüdlichen Kampf gegen diese Zerstörungen wurde Davi im Dezember 2019 mit dem Alternativen Nobelpreis geehrt. Den hat er schon einmal überreicht bekommen. Das war im Jahr 1989, die Menschenrechtsorganisation »Survival International« war ausgezeichnet worden, und Survival bat den damals noch jungen Davi, die Ehrung gemeinsam mit ihnen in Stockholm entgegenzunehmen. Es war Davis erste Auslandsreise, sie führte ihn nach Stockholm und London. Ende 2019 ist der Indigenen-Anführer erneut in der schwedischen Hauptstadt und wird diesmal für sein eigenes Lebenswerk geehrt – und für »Hutukara«, den 2005 von ihm mitgegründeten Verein, der für die Landrechte und die medizinische Versorgung der Yanomami kämpft.

Damit ist Davi der einzige Mensch, der den Preis bisher zwei Mal entgegengenommen hat.

Die Bedrohung, gegen die Davi und seine Mitstreiter sich stemmen, besteht seit Jahrzehnten – sie hat die Yanomami fest im Griff. Davi ist heute Mitte 60, aber er hat die Gefahr von Beginn an gesehen. Seine Geschichte ist oft erzählt worden, er selbst hat sie in seinem berühmt gewordenen Buch »The Falling Sky« niedergeschrieben. Aufgewachsen im unberührten Regenwald erlebt er als Kind die Ankunft der Grenzvermesser und Straßenarbeiter, dann der Missionare, der Siedler und Goldgräber. Die Kirchenleute schleppen Krankheiten ein, die Goldschürfer verseuchen die Flüsse mit Quecksilber. Die Yanomami sind schutzlos, gegen die Krankheiten der Eindringlinge ist ihr Immunsystem nicht gewappnet. Zehntausende sterben. Auch Davis Mutter, seine Schwester, schließlich erliegt seine halbe Familie den Masern und anderen Infektionskrankheiten. Davi überlebt. Er geht in die Stadt, denn die Begegnung mit den Menschen von außerhalb hat seine Neugierde geweckt. Er lernt Portugiesisch. Seither kämpft Davi gegen die Vernichtung seines Volkes. Internationale Unterstützer beginnen sich für das Überleben der Indigenen zu engagieren, der Druck nimmt zu, und 1992 weist die brasilianische Regierung endlich eine Fläche von der Größe Portugals als Schutzgebiet aus. An die 35.000 Yanomami leben heute dort. Aber werden sie auch überleben? Ihr größter Gegner ist aktuell ein populistischer Präsident, dem das Klima und der Wald, die Yanomami und ihre Zukunft weitgehend egal sind. Und die Erkenntnisse der Virenforscher ohnehin. Jair Bolsonaro hat den Amazonas zum rechtsfreien Raum erklärt. Er will die Flächen für Menschen und Rinder, für Straßen und Siedlungen. Der Rechtspopulist toleriert das Abbrennen des Waldes, verspricht den Farmern Land und den Goldgräbern Rechtstitel. Und ausgerechnet sein Umweltminister empfiehlt, die Corona-Krise zu nutzen, um umstrittene Vorhaben im und rund um den

Regenwald geräuschlos und möglichst ohne öffentlichen Widerhall umzusetzen. »Ihr müsst mehr Druck machen«, fordert Davi deswegen von der Welt. Aber es gibt nicht die eine Welt – das Handelsabkommen mit dem Mercosur-Verbund etwa ist der Europäischen Union wichtiger. Und so gibt es keinen Druck, der Bolsonaro zum Innehalten zwingen würde.

Davi ist Schamane, ein Heiler. Einer, der mit den Geistern spricht und uns fremde Wesen des Waldes kennt – und achtet. Während seiner Ausbildung verbrachte er ein Vier-Wochen-Eremiten-Dasein im Wald. Respekt vor der Natur hatte er vorher schon, der Aufenthalt hat ihn demütig gemacht. Er bekommt Einladungen, erhält Auszeichnungen, Preise. Als er das erste Mal in die USA und nach Europa kommt, ist er irritiert: »Manche Städte sind schön, aber der Lärm hört nie auf.« Er beschreibt seine Beobachtungen so: »Die Menschen bewegen sich mit Autos, bewegen sich auf den Straßen fort und sogar mit Zügen unter der Erde. Es gibt viel Lärm, und es gibt überall Menschen. Der Verstand wird dadurch düster und vernebelt, man kann nicht mehr klar denken.« Die Weißen seien gierig »und kümmern sich nicht um die unter ihnen, die nichts haben«. Auch unseren Umgang mit der Natur betrachtet Davi eher mitleidig: »Mit einer gewissen Beharrlichkeit verwüsten sie die Welt, in der sie leben und verwandeln das Wasser, das sie trinken, in Schmutzpfützen.« Welch verwirrende, welch kranke Welt. Davis Philosophie ist eine andere: »Es gibt nur den einen Himmel, und wir müssen sehr auf ihn aufpassen.«

Kopenawa und seine »Hutukara«-Allianz sind zur Jahreswende 2019/20 besondere Preisträger in Stockholm. Vor kurzem noch galten sie als übrig gebliebene Ahnen aus einer anderen Zeit, rückständig, verharrend, stehen geblieben. Heute sind sie die hellsichtigen Mahner vor der Apokalypse. Denn die Weltbevölkerung wächst stetig weiter, ihre Mobilität und der Hunger nach Raum auch, die Lebensräume werden enger, und immer näher rücken

Mensch und Natur aufeinander zu. In Asien, in Afrika, in Lateinamerika. Und am Amazonas ganz besonders. In Südostasien sind es die Palmölfirmen, in Afrika die Viehzüchter, Holzfäller und Siedler, die die Räume verengen und Wälder zurückdrängen. Am Amazonas schlagen Farmer und Goldschürfer die Schneisen. Die Prozesse sind auf allen Kontinenten ähnlich. Es sind Prozesse mit gravierenden Folgen. Wo der Mensch sich so ausbreitet, eingreift und Lebensräume zerstört, verringert sich die Vielfalt der Arten. Weniger Arten auf engerem Raum aber erleichtern auch Viren die Ausbreitung. Ideale Voraussetzungen für Epidemien. Wissenschaftler vermuten, dass für die Corona-Pandemie ein Schuppentier der Ur-Wirt war. Nicht zum ersten Mal wurde dabei die Artengrenze übersprungen. Und höchstwahrscheinlich war es nicht das letzte Mal. Neuere Studien legen nah: Wo Bäume fallen, steigt das Risiko, dass Erregern der Sprung auf den Menschen gelingt. Dabei geht es nicht um den nutzbaren Forst, es geht um den ursprünglichen Wald. Wir müssen endlich umdenken: Die Natur, der Urwald und unberührte Regenwälder sind nicht Bedrohung – sie sind Schutz. Nicht zuletzt Schutz für den Menschen.

Mitte 2020 kämpfen Davi und seine Leute wieder um ihre Gesundheit. Um ihr Leben. Das Virus, das die ganze Welt zum Stillstand gebracht hat, hat sich auch in den Regenwald geschlichen. Als der erste Yanomami, ein 15-jähriger Junge, stirbt, entscheidet Davi, vorerst bei seinen Leuten zu bleiben. Der Tod des Jungen ist für die Yanomami ein Menetekel. Und ein weiterer Beleg dafür, wie alles mit allem zusammenhängt: Die Goldschürfer, die in den Urwald vordringen, die Flüsse verseuchen und mit ihren Krankheiten die Ureinwohner bedrohen. Das Abbrennen der Wälder, die Ausbreitung der Wüsten, das Artensterben und das Aufkommen neuer Erreger, die mit der mobil gewordenen Menschheit um die Erde rasen und sich zur existenziellen Bedrohung auswachsen. Die Arktis erwärmt sich in rasendem Tempo, im Pazifik versinken die Marshall-Inseln, in Mitteleuropa schmelzen die Alpen-gletscher. Und wir schauen zu. Wir nehmen zur Kenntnis, dass die CO_2-Konzentration in der Erdatmosphäre alle Rekorde übertrifft, das Gefüge der Natur immer weiter in Schieflage gerät – und erleichtern unser Gewissen, indem wir »klimakompensiert« fliegen, mit Jutebeuteln einkaufen und einmal im Jahr für die »Earth Hour« das Licht ausschalten. Wir wissen, dass all das nicht reicht – und trotzdem machen wir weiter. Und dabei hören wir Davi Kopenawa, der viel früher als wir gespürt hat, dass die Dinge fundamental aus der Balance geraten sind. Und der uns nun mahnend zuruft: »Lasst uns nicht allein!«

Hilda Flavia Nakabuye

Gerechtigkeit für Mama Afrika – Der globale Norden steht in der Schuld der Welt

Wir könnten viel erzählen aus alten, ruhmreichen Zeiten, in denen wir in Uganda jede Menge Nahrung hatten, sauberes Wasser, reine Luft zum Atmen. Wir könnten unsere Berge beschreiben, mit ihren Gletschern, wie den Ruwenzori. Wir könnten von der reichhaltig blühenden Flora und Fauna in unseren Wäldern und Nationalparks schwärmen. Als unser Leben von regulären Jahreszeiten bestimmt wurde, in denen wir pflanzten und ernteten. Das war nichts anderes als – Lebensqualität.

Heute hingegen ziehen die Menschen von hier fort, um Wasser und Nahrung zu finden. Um in einer Umwelt zu leben, in der sie auf Sicherheit hoffen. Denn immer öfter und immer schlimmer erleben wir Dürren, Hochwasser, Erdrutsche, Verwüstung. Immer weniger Getreide und Feldfrüchte können wir anbauen. All das ist ein Ergebnis der fortschreitenden Erderwärmung. Die Welt hat heute den Kipppunkt nahezu überschritten, dahinter können wir kaum mehr zurück. Wenn niemand eingreift, werden wir schon in zehn Jahren die natürlichen Grenzkapazitäten des Planeten quasi ausgelöscht haben. Wir selbst sind es mit unserer modernen Lebensweise, die wir der Umwelt solch gewaltigen Schaden zufügen. Die Verschmutzung unserer Landschaften, Seen und Meere mit Plastik ist nur der sichtbarste Ausdruck dieser Verheerungen. Die jüngste Begeisterung über die Entdeckung von Erdölvorkommen im subsaharischen Afrika wird sich schnell in ihr Gegenteil verkehren, wenn wir alsbald mit den Konsequenzen der Förderung konfrontiert sein werden. Die Erdölindustrie ist bekannt für ihren Beitrag zu den globalen Emissionen. Zudem werden Millionen von Bäumen abgeholzt, damit die Holzkohle, die die meisten afrikanischen Haushalte noch immer zum Kochen brauchen, verbrannt werden kann. Wir nennen gern unsere Sehnsucht nach Entwicklung als Ursache für all diese Zerstörung. Getrieben werden wir vom Wunsch nach Energie für die Industrie und nach dem Ausbau des Stromnetzes, damit auch private Haushalte Licht haben. Und die Regierungen begeistern sich für eine von der Industrie geprägte Wirtschaft, ohne die Umweltfolgen ihres Tuns zu berücksichtigen. Ich sorge mich um meine Mama Afrika, es geht um Mamas Überleben.

Unserer politischen Führung fehlt der Wille, einen anderen Weg zu gehen. An der Umsetzung nationaler Klimaziele und internationaler Übereinkommen ist sie nicht interessiert. Bei der letzten Blue Economy Conference in Nairobi sagte ein Regierungsvertreter, dass er keine Umweltgesetze zum Schutz der Feuchtgebiete erlassen könne, weil das Wählerstimmen koste. Doch so kann es nicht weitergehen: Wir dürfen nicht unsere Umwelt zerstören, nur weil Politiker kurzfristige Wahlerfolge anstreben und Energie für den Übergang in eine Industriegesellschaft produzieren wollen. Unsere Völker müssen selbst über ihre Zukunft entscheiden, in der Wohlstand vor allem nachhaltig sein muss.

Regieren und politisches Handeln in Afrika sind vielfach gekennzeichnet von Folter, Gefängnis, Mord und Einschüchterung. Politiker kennen die konkrete Lage vor Ort oft gar nicht, die politische Führung taucht nur auf, wenn es bereits zur Katastrophe gekommen ist. Dann zeigt sie Betroffenheit, ergreift aber keine angemessenen Maßnahmen, die die Folgen der Klimakrise abzufedern in der Lage wären. Vielmehr machen unsere politischen Führer sich zu Komplizen des globalen Nordens, der lokale Initiativen bewusst unterdrückt. Multinationale Konzerne aus der entwickelten Welt unterminieren unsere Gesetze, bestechen die Regierenden, um sich weitreichenden Einfluss in unseren Ländern zu sichern. So verschärft die Klimakatastrophe die bereits bestehende Ungleichheit und drängt die Entwicklungsländer noch weiter in Armut und Verschuldung. Der globale Norden steht in der Schuld des Rests der Welt, denn die reichen Länder haben die Klimakrise ausgelöst. Und sie sollten die Verantwortung dafür tragen, auch finanziell. Doch der Aspekt der Klimagerechtigkeit erreicht die internationale Agenda kaum. So bleiben weiter inakzeptable Gesetze und Vereinbarungen bestehen, die Klimagerechtigkeit sabotieren: unkontrollierte Entwaldung, die Verschlechterung der Feuchtgebiete, willkürliche Abfallentsorgung der Konzerne. All dies ist zerstörerisch. Und die Verursacher werden nicht belangt. Einzig unverbindliche Absichtserklärungen werden hier oder da nach einem süßen Tässchen Tee vereinbart – und bleiben gänzlich wirkungslos. Es mangelt schlicht am Willen zu Änderungen. Dabei hat Afrika die höchste Zahl von Plastiktütenverboten in der Welt, mehr als zwanzig Staaten haben sich dem Bann angeschlossen. Dennoch gibt es immer mehr Deponiemüll in den afrikanischen Städten, sechzig Prozent davon sind Plastiktüten. Weil es keine praktischen Initiativen gibt, den Handel mit diesen Produkten einzuschränken. All dies sind die Motive für unseren Widerstand: Die Klimakrise ist die größte Herausforderung des 21. Jahrhunderts – und wir sind die Klimageneration!

Wir wissen, was geschieht. Und wir können das Problem lösen. Denn wir verfügen über die Kapazitäten und das Know-how. Wir in Uganda sind die größte »Fridays for Future«-Bewegung Afrikas und wir wollen, dass gehandelt wird. Jetzt! Seit Anfang 2019 besteht unser Netzwerk aus über fünfzigtausend jungen Menschen an Dutzenden Schulen und Universitäten unseres Landes. Jeden Freitag gehen auch wir auf die Straße. Wir rufen zu Schulstreiks für das Klima auf und nutzen die digitalen Plattformen, um die Klimabotschaft und unsere Forderungen bekannt zu machen. Wir werden weiter die Aufmerksamkeit auf die Klimakrise lenken, Einfluss auf die Politik nehmen – und wir werden Aktionen initiieren. Und unsere Bewegungen stehen für noch mehr, für Weitergehendes – weil es das braucht: Für den Systemwandel.

Nur so werden unsere Länder die vereinbarten Klimaziele umsetzen können, die in den nationalen und globalen Plänen, wie im Pariser Abkommen, festgeschrieben sind. Wir nehmen diese Verträge ernst. Wir brauchen einen anderen, nachhaltigen Kurs – und kein *business as usual*. Nur so werden wir die Kriege und Konflikte vermeiden können, die unausweichlich sind, wenn die Staaten beginnen, um die in der Klimakrise zunehmend weniger werdenden Ressourcen zu kämpfen. Unsere politischen Führer müssen endlich den politischen Willen haben, schnelle Lösungen anzustreben. Und die Unternehmen müssen ihre Geschäfte hin zu mehr Nachhaltigkeit umorientieren und ihren Emissions-Fußabdruck deutlich verkleinern. Und auch ein jeder und eine jede von uns, im Norden wie im Süden, muss seinen Lebensstil überdenken. Wenn viele mitmachen und grün handeln, dann kann der Wandel gelingen.

Generation Z – Gegen die alten weißen Männer

Neun Jahre war ich alt, als das Pariser Klimaabkommen unterschrieben wurde. Heute bin ich 16. Die letzten beiden Jahre habe ich über wenig anderes diskutiert als über Klimapolitik, die Klimakrise, das 1,5-Grad-Ziel und den deutschen CO2-Ausstoß. Lange Tage und viele Nächte habe ich mit zahlreichen anderen Jugendlichen nachgedacht, wie wir die Politiker zum Handeln treiben können, dazu, dass sie die Ziele des Abkommens ernst nehmen und endlich gegen die Klimakrise kämpfen. Wir haben also überlegt, was wir gegen das kollektive Versagen der Erwachsenen tun können.

Jeder kennt die Bewegung »Fridays for Future«, Greta Thunberg oder auch Luisa Neubauer – aber kaum jemand kennt die vielen Hunderttausend Jugendlichen, die sich wie ich seit Ende 2018 für die Ziele dieser Bewegung einsetzen. Es ist eine ganze Generation, die weltweit in ganz kurzer Zeit zu politischen Menschen wurde, die seither auf der Straße ist und die auch heute, wo das Demonstrieren schwieriger geworden ist, weiter gegen die müde Klimapolitik ihrer Regierungen kämpft. Dafür, dass diese endlich ernsthaft etwas tun. Es ist meine Generation.

Wenn wir über die Menschen sprechen, die die Macht haben, dann reden wir gern von den alten weißen Männern – und das wiederum wird nicht selten gegen uns gewendet. Unsere Kritiker werfen uns vor, dass wir die

Erwachsenen zu pauschal abqualifizieren. Aber die Welt, die wir erleben, wird vor allem von alten weißen Männern beherrscht, auch wenn es Angela Merkel gibt. Wenn wir das dann genau so aussprechen, ist das erst einmal von uns nicht als Abqualifizierung gemeint. Die Adjektive »alt« und »weiß« beschreiben eher, was wir sehen. Und auch das Substantiv »Mann« ist einfach nur die Beschreibung eines Tatbestandes.

Aber natürlich sind wir nicht naiv. Wir wissen um den negativen Touch, den dieser Ausdruck besitzt – und wir nutzen ihn tatsächlich zur Abgrenzung, durchaus bewusst. Hier sind wir: Wir sind jung und bunt. Und uns gehört die Zukunft. Da sind die Mächtigen: Und die sind eben alt und weiß und männlich. Und man sieht ihnen viel Vergangenheit an. Genau das ist dann eben auch ihre wunde Stelle: Alter kann in der heutigen, westlichen Gesellschaft nicht mehr automatisch mit Weisheit oder Klugheit gleichgesetzt werden, sondern immer häufiger mit altmodisch, unmodern, unflexibel und irgendwie unfähig, sich den neuen Problemen adäquat zu widmen. Alt zu sein definiert eine Lebenseinstellung. Man grenzt sich von dem Jungen, Neuen ab. Wenn wir dann von alten weißen Männern sprechen und fordern, dass man ihnen die Klimapolitik entreißen muss, dann bedeutet das zweierlei: Zum einen haben wir eine Wertung unserer Gesellschaften vorgenommen, leider ohne dass dies eine wirkliche Konsequenz hatte, sonst hätten diese Männer ja schon keine Macht mehr. Zugleich aber klagen wir damit einen für alle offensichtlichen Zustand an: Politik, die die Zukunft massiv negativ beeinflusst, wird heute von Menschen gemacht, die das Schlimmste davon nicht mehr erleben werden. Sie, die Alten, machen eine Klimapolitik, die wir, die Jungen, erleiden werden. Natürlich ist die Welt nicht schwarz-weiß. Viele von uns werden oder wurden von älteren Menschen unterstützt, es gibt die »Parents for Future« und viele erwachsene Sympathisanten unserer Bewegung. Natürlich haben ältere Menschen viele interessante Erfahrungen gemacht, verfügen auch über Wissen, das wir erst noch erwerben müssen. Aber all die vielen Jahre haben die Mehrheit dieser Generationen offensichtlich nicht klug genug werden lassen. Sonst würden sie die Grundlage des menschlichen Lebens – nicht nur das Klima, auch die Umwelt, die Meere, die Insekten – nicht so systematisch zerstören.

Wir hingegen haben unser Leben noch vor uns. Wir werden sicher eigene Fehler machen, experimentieren. Aber noch haben wir die Chance, vieles besser zu machen. Wir wachsen auf in heißen Sommern und in dem Bewusstsein, dass Umweltgefahren schon übermorgen sehr groß sein können, existenziell. Wir wissen um die planetaren Grenzen – und wir wissen mittlerweile eben auch darum, dass sie den Erwachsenen herzlich egal sind. Wir wissen, dass wir viel Enthusiasmus brauchen werden und in unserem Leben und in unserer Politik viele Methoden etablieren müssen, die sich von denen der »Alten« radikal unterscheiden. Gerade in der Corona-Krise ist dieser Unterschied der Generationen deutlich zutage getreten. Viele ältere Menschen wünschen sich, zur »Normalität« zurückzukehren. Und diese soll bitte so »normal« wie möglich sein, also so wie vorher. Sie soll nicht etwa besser werden oder innovativer oder gerechter. Klar, niemand hätte etwas gegen eine bessere Welt, jedenfalls offiziell nicht. Nur wenn man sich dann die Krisenpolitik anschaut, dann wachsen bei vielen der »Fridays for Future«-Aktivisten doch die Zweifel. Da werden viele Milliarden Euro ausgegeben, plötzlich und ohne großes Geschrei, um Autofirmen zu retten. Oder Fluggesellschaften. So als ob es all die Diskussionen über die schlimmen Folgen des Fliegens für das Klima nie gegeben hätte. Dabei wäre es doch jetzt an der Zeit, neue Zweige der Wirtschaft und neue klimafreundliche Technologien zu unterstützen, um so die Corona-Krise klug zu nutzen. Doch das passiert nur sehr begrenzt, überwiegend siegt das Alte der Alten: Die umweltzerstörenden Industrien stauben Gelder ab, die Ausbeutung des

Planeten geht weiter. Und die meisten Wähler finden das auch noch gut, in Deutschland hatte die große Koalition so viel Zustimmung wie lange nicht, als sie 2020 ihr erstes Konjunkturprogramm verabschiedete. Dabei war höchstens ein Drittel des Geldes für klimafreundliche Projekte vorgesehen. Hätte ich etwas zu entscheiden, wäre meine Generation jetzt gefragt worden – dann wäre das Geld ganz anders ausgeben worden, für etwas Neues.

Die Philosophin Hannah Arendt schrieb einmal, dass jede einzelne Handlung das Wesen des Menschen offenbare, ihn definiere. An den Handlungen erkenne man die Einstellung des Menschen selber. Man erkenne, ob er alt oder ob er jung ist. Ich erlebe die Politik als einen Raum, in dem sich die Mächtigen durch ihre Art des Handelns als alt und kurzsichtig entlarven. Sie sind zwar in der Lage, auf eine Krise, die konkret da ist, schnell zu reagieren. Aber sie sind unfähig, Vorsorge zu betreiben, vorausschauend zu denken. Sie kommen mir so unendlich alt vor, offenbar denken sie nur an die wenigen Jahre, die ihnen noch bleiben. Und sie kommen mir ebenso wie kleine Kinder vor, die nicht weiter denken können als bis gleich. Manchmal komme ich mir erwachsener vor als all die, die das auf dem Papier sind. Denn es ist nicht meine Generation, die die zerstörerischen Fehler macht. Es ist die meiner Eltern und Großeltern.

Womit wir bei dem größten Problem dieses Generationenkonfliktes wären. Mein Opa wurde dieses Jahr 96 – genau 80 Jahre älter als ich, wir haben am gleichen Tag Geburtstag. Er ist inzwischen sehr, sehr alt, er verabschiedet sich immer mehr von dieser Welt. Und auch von der Politik. Trotzdem hat er im politischen Raum mehr Möglichkeiten als ich. Er darf wählen. Er darf über die Menschen, die auch mich politisch vertreten, entscheiden – und das, obwohl sie seine Zukunft wahrscheinlich kaum mehr beeinflussen werden. Dieses Phänomen ist nicht nur in unserer Familie zu erkennen. Das Durchschnittsalter der Kohlekommission in Deutschland lag bei 57 Jahren, auch sie war sehr weiß, sehr männlich. Das Durchschnittsalter in unserem Parlament, das das sogenannte Kohleausstiegsgesetz verabschiedet hat, in Wahrheit aber die Kohleverstromung noch viel zu lange festgeschrieben hat, liegt bei 50 Jahren. Es treffen so Generationen Entscheidungen, die mich und meine Generation betreffen werden. Ja, das war auch in der Vergangenheit so – nur ging es da nicht um so viel wie heute. Das Anthropozän, das Zeitalter, in dem die Menschen die Erde durch ihre Handlungen nachhaltig und bisher vor allem zum Schlechteren verändern, beginnt heute seine Macht zu entfalten. Und trotzdem haben diejenigen, die die Resultate erleben und ertragen müssen, kein politisches Recht mitzuentscheiden. Es wird über meinen Kopf hinweg über meine Zukunft entschieden. Und über die meiner Kinder und der Kinder meiner Kinder. Und das so, dass es nicht mehr zurückzudrehen ist. Wenn früher, nach Kriegen, Landstriche verwüstet und Gesellschaften zerstört waren, dann war das unendlich tragisch. Und doch konnten sie sich irgendwann wieder erholen. Wieder neu aufgebaut werden. Das wird für uns, nach allem was man heute weiß, kaum möglich sein. Das klingt drastisch, ist aber leider nach dem Stand der Wissenschaft die bittere Wahrheit. Arten, die ausgerottet sind, kann man nicht wiederbeleben. Meere, die gekippt sind, auch nicht. Und die Klimakrise ist nicht mehr aufzuhalten, ist erst einmal zu viel CO_2 in der Atmosphäre. Ich bin es so leid, zu sehen, wie wenige – meist alte und weiße – Männer immer wieder Entscheidungen treffen, die diesen Planeten zerstören. Ich bin es so leid, wie sie die Klimakrise beharrlich wieder von der politischen Tagesordnung streichen. Ich bin es so leid, nicht einmal wählen zu dürfen. Aber mit einem werdet ihr rechnen müssen: Meine Generation und ich – wir werden nicht aufhören. Wir werden nicht klein beigeben. Ihr solltet uns ernst nehmen.

IV. Migration

Die globalen Elendstrecks – Apokalypse der Zivilisation

Sie wollen wieder schießen dürfen

Sie wollen wieder schießen dürfen
Sie wollen wieder Zäune ziehn
Denn seine Heimat muss man schützen
Sie laden schon ihr Magazin

Sie wollen wieder schießen dürfen
Die Jugend neu zum Hass erziehn
Sie wollen wieder Fackeln tragen
In Straßen von Hamburg und Berlin
(...)
Sie wollen wieder sagen dürfen
Wenn man nach der Lösung fragt:
In diesem Fall ist es ganz einfach
Wir brauchen Blei und Stacheldraht

Das ist das gelobte Land, wo Milch und Honig fließt
Aber nur so lang' man jeden Eindringling erschießt
Die Menschen an den Grenzen sind
die Geister, die wir riefen
Und das weiß doch jedes Kind: Geister
kann man nicht erschießen!

SLIME, 2017

Tima Kurdi

Öffnet die Herzen – und Grenzen!

30. August 2015, mein Handy klingelt, es ist Abdullah. Er steht am Strand, unweit von Bodrum, am westlichsten Zipfel der Türkei: »Ich sehe sie von hier aus«, sagt mein Bruder. Und beschreibt mir die Landschaft am gegenüberliegenden Ufer, die Silhouette der griechischen Insel Kos. Zehntausende Europäer machen dort jedes Jahr Urlaub. »So nah und doch so fern«, sagt Abdullah nachdenklich. Alles war in diesem Moment organisiert. Jederzeit sollte die Überfahrt beginnen, mit seiner Frau Rehanna, ihren Söhnen Ghalib und Alan, vier und zwei Jahre alt. Einige Monate zuvor waren sie aus unserer syrischen Heimat geflohen, als der Islamische Staat Kobanê angriff. Wochenlang saßen sie später an der Grenze zur Türkei fest, dann schlugen sie sich weiter nach Westen durch, bis an die Küste der Ägäis. Der tagtägliche Überlebenskampf ist grausam, für alle Fliehenden. Sie sind obdachlos, hungrig, erschöpft. Doch nun war Abdullah voller Hoffnung. Auf eine bessere Zukunft für sich und seine Familie. Europa schien zum Greifen nah. Kurz darauf kommt eine weitere SMS, mit einem kleinen Video: Zu sehen sind die Wellen in der Meerenge vor Kos. »Zu hoch«, textet mein Bruder. Zu hoch für das Schlauchboot, das die Schleuser für Abdullah und seine Familie am Strand bereit gemacht haben. Ihr Geld haben die Schleuser bereits bekommen. Ich hatte es Abdullah geschickt – nachdem alle Bitten um Asyl, damit die Familie meines Bruders legal zu mir nach Kanada kommen könnte, abgelehnt worden waren.

Seit dem Tag, an dem mir mein Bruder geschrieben hatte, dass er das Geld für die Schlepper in Händen hielt, lebte ich in zwei Welten. In meiner kanadischen Welt in Vancouver war ich Ehefrau, Mutter und Friseurin. Ich war 1992 aus Syrien ausgewandert. Ich habe hier ein wunderschönes Zuhause. Spätestens wenn man gesehen hat, was in Syrien geschieht, weiß man das Glück zu schätzen, so leben zu dürfen. In meiner anderen Gedankenwelt war ich ein verzweifelter syrischer Flüchtling. Einer von Millionen, die der Krieg aus dem Land getrieben hat. Allesamt schutzlos, gehetzt. Ohne Hoffnung, mich dauerhaft in Istanbul oder irgendwo sonst niederlassen zu können. Und nun endlich in Richtung Kos blickend. Meine vier Lieben und die vielen anderen Geflüchteten, die zehntausend Kilometer entfernt von mir an den Stränden der Ägäis standen, waren damals, im Sommer 2015, das beherrschende Thema in den Medien weltweit: 200.000 Menschen, hieß es, hätten es bereits nach Griechenland geschafft. Tausende aber waren auf der Überfahrt ertrunken. Das Mittelmeer war zum Massengrab geworden.

Zwischen meinen beiden Welten lagen acht Zeitzonen. »Inschallah, so Gott will, brechen wir heute Nacht auf«, schrieb Abdullah per SMS. Danach erhielt ich keine Nachricht mehr von ihm. Ich wurde unruhig, schrieb schon bald unablässig neue SMS: »Wo bist du?«, »Was ist los?«, »Bitte antworte!« Heute weiß ich: Alle meine Fragen landeten auf dem Boden des Mittelmeers.

Schließlich erreichte ich meine Schwägerin Ghouson, sie weinte: »Abdullah ist im Krankenhaus. Er steht vor drei Toten.« Mir fiel das Telefon aus der Hand. Ich schrie. Ich konnte nur noch schreien. Ich stürzte auf den Boden, schlug mir ins Gesicht, raufte mir die Haare. Kurz darauf sprach ich mit Abdullah selbst: Er war soeben aus dem Leichenhaus gekommen, wo er seine Frau und die Kinder nochmals sehen konnte: »Man hat ihnen die Brust zugenäht. Das tut doch weh«, sagte Abdullah. Als wären sie noch am Leben und könnten den schneidenden Schmerz des Skalpells spüren. Ihre Leichen waren gerade obduziert worden. Abdullah berichtete, dass Ghalibs Körper mit Kratzern und Blutergüssen übersät war, »vielleicht vom Aufprall auf die Felsen in Ufernähe«, sorgte sich Abdullah. Und: »Rehannas Körper ist so aufgedunsen, als hätte sie das Meer ausgetrunken. Warum nur?«, fragte er. Und er erzählte, was geschehen war: »Die Wellen waren zu hoch. Das Boot kenterte. Ich versuchte, sie zu retten. Doch die Wellen brachen über mir zusammen. Einer nach dem anderen von ihnen rutschte mir aus der Hand.« Ich weinte, sagte, es sei allein meine Schuld, ich hatte doch diese Schlepper bezahlt. Doch selbst in seiner dunkelsten Stunde versuchte mein Bruder mich zu trösten: »Du bist die beste Schwester der Welt«, schluchzte er. »Du hast immer getan, was du konntest, für mich und meine Familie.«

Kurz darauf erschien das Bild vom »Jungen am Strand« in den Zeitungen, in aller Welt. Mein Neffe – Alan. Abdullah sagte weinend: »Das Bild meines Sohnes ist ein Weckruf an die Welt.« Ein Irrtum, leider. Inzwischen werden die Grenzen gegen fliehende Menschen, gegen Kinder sogar mit Militär verteidigt. In Europa, in den USA, in Australien. Und das Sterben an all den Grenzen geht weiter – auch dort, wo Alan ums Leben gekommen ist, im Mittelmeer.

Unsere Tragödie ist nur eine von so vielen. Die Welt spricht über uns Flüchtlinge, doch niemand spricht mit uns. So darf es nicht bleiben. Die Menschen leiden, weltweit. Und sie flehen um Hilfe. Menschen sind Menschen, egal wo sie herkommen. Wir sind eins. Und wir müssen gemeinsam aufstehen und den politischen Führern der Welt sagen, dass es reicht. Wir müssen sie zwingen, zu handeln. Die Kriege und Krisen müssen beendet werden, die unschuldige Menschen das Leben kosten und die so viele Menschen zur Flucht zwingen. Die von Menschen gemachte syrische Katastrophe ließ auch Abdullah,

Rehanna, Ghalib und Alan keine andere Wahl, als ihre Heimat zu verlassen.

Nach dem Telefonat damals am 2. September 2015 musste ich mich entscheiden: Ich konnte zu Hause bleiben, trauern, weinen und das Gefühl haben, dass es nichts gibt, was ich tun kann. Oder ich konnte mich der Welt stellen und einstimmen in den Chor derjenigen, die nicht länger schweigen wollen. Ich habe mich entschlossen, aufzustehen, meine Stimme zu erheben – für diejenigen in der Welt, die sonst nie gehört werden. Auch für die Kinder, die uns genommen werden, bevor sie überhaupt selbst sprechen können. Wie Alan.

Wenn ich meine eigene Familie schon nicht retten konnte, so will ich andere retten. Deswegen sprach ich mit Medien, weltweit. Reiste nach Europa, um führenden Politikern von der Unmenschlichkeit zu erzählen, die sich in Syrien und in den Flüchtlingslagern abspielt. Es hatte diese Tragödie gebraucht, es hat dieses Bild gebraucht, das Bild des Jungen am Strand, damit meine Stimme gehört wurde.

Doch das Leid der Millionen Geflüchteten geht weiter. Und das Schweigen der Welt ebenso. Beenden wir dieses Schweigen. Es braucht friedliche Lösungen, weil die Menschen in Frieden leben wollen. In dem, was wir tun und wie wir handeln, spiegelt sich die Welt, in der wir leben.

Behrouz Boochani/Omid Tofighian

Grenzgewalt als komplexe Folter – Für eine neue Sprache multidimensionaler Kritik

Mehrere Tausend Kilometer von Australien entfernt liegen zwei Inseln: Manus, zu Papua-Neuguinea gehörend, und die eigenständige Republik Nauru. Beide sind ehemalige australische Kolonien und erlangten vor einem halben Jahrhundert ihre Unabhängigkeit. Seit 2001 nutzt Australien seine einstigen Inselterritorien, um hier Menschen, die im eigenen Land unerwünscht sind, gefangen zu halten. In Lagern, in käfigähnlichen Zellen, jahrelang. Auf Manus sind alleinreisende Männer interniert. Nauru ist Frauen, Familien und unbegleiteten Minderjährigen vorbehalten. Sie alle sind Gefangene, ohne jemals eine Straftat begangen zu haben oder in einem Gerichtsverfahren verurteilt worden zu sein. Auf beiden Inseln müssen die Asylsuchenden schier endlos ausharren, in zermürbender Ungewissheit. Dieses Vorgehen war und ist Konsens der großen Parteien Australiens: Sie schotten die Grenzen immer stärker ab, auch militärisch, nutzen immer neue, noch brutalere Technologien zur Kontrolle der Gefangenen. Und sie dämonisieren die Flüchtlinge. Es ist ein skrupelloses Grenzregime, auf das Australien setzt – wie inzwischen die meisten Staaten weltweit. Oberstes Ziel ist Abschreckung. Seit 2013 verstößt Australien gegen geltendes Völkerrecht, wenn es Flüchtlingen dauerhaft das Recht auf Niederlassung verweigert.

Zu dieser Zeit musste ich meine kurdische Heimat im Iran verlassen. Wegen meiner publizistischen Arbeit war ich ins Fadenkreuz der Geheimdienste geraten. Mir gelang es, mich bis nach Jakarta durchzuschlagen. Bei meinem ersten Versuch, nach Australien zu gelangen, wäre ich fast ertrunken, mein Boot sank. Ich wurde nach Indonesien zurückgeschickt – und versuchte es ein zweites Mal. Australischen Boden erreichte ich just vier Tage nachdem dort die Regelung in Kraft getreten war, Bootsflüchtlinge kategorisch abzuweisen. Ich erlebte, wie Australiens Regierende den gnadenlosen Umgang mit Flüchtlingen im Weiteren beständig verschärften: Die Operation *Sovereign Borders* von Premier Morrison kostete bislang 13 Menschen auf den Gefängnisinseln das Leben. Ab meinem ersten Tag der Inhaftierung auf Manus dokumentierte ich die humanitäre Tragödie. Es entstanden Impressionen und Analysen aus dem Innern des Gefängnisses, die einen neuen Diskurs in der Auseinandersetzung mit der Gewalt an den Grenzen, in der Wahrnehmung der Internierung Geflüchteter auf den Inseln als Teil einer langen Geschichte von Unterdrückung, Herrschaft und Unterwerfung ermöglichten. Diese Geschichte hat in Australien mit der Enteignung und dem Genozid an den Ureinwohnern, den indigenen Völkern, und der Nutzung des Landes als Strafkolonie des Britischen Empire begonnen.

Seit Anfang 2016 arbeite ich mit dem Wissenschaftler Omid Tofighian zusammen. Wir haben gemeinsam Strategien entwickelt, um den industriellen Komplex an der australischen Grenze sichtbar zu machen – mit dem Ziel, diesen perspektivisch zu überwinden. Dabei geht es auch darum, die Mainstream-Bilder von Flucht radikal zu konterkarieren. Wir sprechen vom *debordering*, dem materiellen, symbolischen und epistemischen Akt der Entgrenzung. Praktiken der Entgrenzung sind unerlässlich, um nachhaltig Veränderungen zu erzielen. Eine solche Entgrenzung ist mein im Lager geschriebenes Buch »No Friend but the Mountains«, dessen Texte per SMS und WhatsApp das Gefängnis verließen. Es kombiniert Philosophie und Literatur mit politischem Kommentar. Meine Stilmittel sind Mythologie, Epen und Folklore, mit denen ich die Geschichten der Unterdrückung, der Herrschaft und Unterwerfung vermitteln möchte. Literatur und andere Genres der Kunst sind Referenzen, mit denen ich mich von der Terminologie der Regierung absetze. So spreche ich vom »Gefängnis«, von »systematischer Folter«, nenne die Politik der australischen Regierung »Exilpolitik«. »No Friend but the Mountains« hat eine neue Sprache des Widerstands geschaffen und belegt, dass der journalistische Ansatz, das Berichten über Migration im 21. Jahrhundert, radikaler Disruption bedarf.

Gewiss: Journalistische Arbeit ist unerlässlich, doch stellt sie zugleich eine Herausforderung dar, weil die Journalisten nicht automatisch über ein freies Medium oder eine eigene freie Sprache verfügen. Journalismus kann Macht nicht zersetzen. Auch dass Journalismus unabhängig ist, bezweifle ich. Ich kenne die Formate, Standards, Normen und redaktionellen Prozesse der Medien: Ein Grundsatz lautet, dass jede Geschichte mindestens zwei Seiten hat. Doch was auf Manus geschieht – das hat nur eine Seite. Wenn die Presse über einen Zwischenfall auf der Insel berichten will, muss sie diverse bürokratische Hürden überwinden. Es gibt klare Verhaltensregeln für die Redakteure: Zunächst ist der Minister für Einwanderung zu zitieren, dann der Premierminister, die Polizei, die Sicherheitsfirmen. Ganz zum Schluss finden sich dann auch ein paar Sätze von Geflüchteten. Ein Artikel beginnt mit den offiziellen Stellungnahmen, die in der Regel falsch und irreführend sind. Gegen diese massive Propagandakampagne sind die Geflüchteten absolut machtlos. Sie können das sie diskriminierende Narrativ nicht verändern, ihm nichts entgegenstellen, es nicht umschreiben. Die Ideologie des Staates rechtfertigt die Brutalität gegenüber den Geflüchteten, indem diese kriminalisiert und als Bedrohung der nationalen Sicherheit gezeichnet werden.

Es bedarf so der Kunst, um Tragödien wie auf Manus sichtbar zu machen. Um sie verständlich und erfahrbar werden zu lassen. Menschen, die die Berichterstattung der Medien über die Gefangenenlager auf Manus und Nauru verfolgen und die damit vermittelten Interpretationen übernehmen, können kaum begreifen, wie die Lage wirklich ist – weil in der journalistischen Form das Komplexe verloren geht. Wie kann man journalistisch transportieren, dass Zeit ein Folterinstrument sein kann? Wie soll man verstehen, dass Arglist in der Gefangenschaft zur Waffe wird? Die eigene Existenz, das Leben, wird unter den willkürlichen, sich ständig verändernden Regeln und der Kontrolle auf der Mikro- und Makroebene fragmentiert, auseinandergerissen. Die Feinheiten des Systems und das damit verbundene Leiden vermitteln sich nicht über rationale Argumente. Nicht über die Analyse von Daten, logische Berichterstattung und Analogien.

Sicher kämpft mancher Journalist für Gerechtigkeit, versucht Bewusstsein über das, was geschieht, zu schaffen. Mittels investigativer Recherche wollen einige der Öffentlichkeit die verschleierte Realität der Flüchtlingsgefängnisse verdeutlichen und die Zivilgesellschaft aktivieren, sich für die Menschenrechte einzusetzen. Jedoch ist, wie die vergangenen Jahre immer wieder erwiesen haben, Einflussnahme über das journalistische Medium nur begrenzt möglich. Journalismus allein kann die historische und kulturelle Dimension des weltweit praktizierten Systems der Abwehr Geflüchteter nicht durchdringen. Journalismus kann die Ideologie, auf der das System gründet, nicht enthüllen. Journalismus kann nicht den emotionalen, psychischen und mentalen Schaden darstellen, den das herrschende Grenzregime verursacht. Als Methode ist er ungeeignet, das perfide Wesen des Systems, seinen Kern, seine Ideologie offenzulegen. Weitaus wirkmächtiger sind »No Friend but the Mountains« und andere unserer kreativen Projekte. Denn diese Arbeiten setzen sich mit der Interpretation der australischen Gefängnisindustrie auseinander, die darauf abzielt, Menschen ihre Identität zu nehmen, ihre Moral zu brechen. Erzählungen und Kunst offenbaren anschaulicher, wie das System einen banalen Akt wie Schlange-Stehen zur Tortur werden lässt. Oder wie die Erwartung, oder Verweigerung, eines Telefonanrufs zu Feindseligkeit und Konfrontation zwischen Freunden führen kann.

Jede Analyse muss berücksichtigen, dass das australische Grenzregime in seinem Kern von einer gewaltgeprägten Kolonialerzählung inspiriert und konditioniert ist. Die Literatur ermöglicht uns, die Herrschaftssysteme und ihre entwürdigenden Folgen zu beschreiben. In der Kunst können wir diese Systematik als ein Wesen mit Bewusstsein, als denkendes Sein mit Handlungsmacht darstellen. Diese Methode erhellt die perverse Komplexität der Grenzgewalt, die ihr eigenen Technologien von Unterdrückung, Dominanz und Unterwerfung. Das physische, psychische und emotionale Leid, das der industrielle Grenzkomplex verursacht. Diese Formen der Auseinandersetzung mit dem System sind neue Wege der Wissensvermittlung, schaffen eine Sprache für multidimensionale Kritik – und für neue Aktionsformen, für das Hinterfragen jener übergeordneten politischen Agenda, die darauf insistiert, Geflüchtete auf Inseln zu exilieren.

Ein wichtiger Aspekt unserer Herangehensweise in »No Friend but the Mountains« und anderen Projekten ist die Kritik am Narrativ, das viele Journalisten, Politiker und auch Aktivisten leugnen: an den kolonialen und rassenkonstruierenden Bildern, die inhärenter Teil der australischen Kultur, Gesellschaft und Politik sind. Tatsächlich ersetzen unsere und andere politische Kunstprojekte die bekannte Erzählung durch eine völlig andere Vision, die mit der konventionellen Sichtweise auf Asylsuchende und der Begründung für geschlossene Grenzen fundamental bricht. Widerstand durch kritisches Erzählen von Geschichten, die auch die Gewalt von Grenzen und der Gefängnisindustrie verständlich machen, obgleich diese Phänomene extrem komplex und schwer durchschaubar sind – selbst für diejenigen, die die Strukturen geschaffen haben oder in ihnen arbeiten.

Die Berichte eines Lagerarztes illustrieren dies auf prägnante Weise. Zwei Jahre arbeitete er in Nauru, bevor er sich zur Ruhe setzte und einen Artikel veröffentlichte, in dem er schrieb, dass er sich zu keiner Zeit bewusst gewesen sei, an systematischer Folter beteiligt gewesen zu sein. Er habe nicht geahnt, behauptete er, dass er den Geflüchteten nicht half, sondern sie folterte. Erst als er Nauru verlassen habe, habe er realisiert, dass das Lager darauf ausgelegt war, Menschen zu brechen, ihr Leben so unerträglich werden zu lassen, dass sie glaubten, nur die Rückkehr an den Ort, von dem sie geflohen waren, könne sie vor dem Tod bewahren. Medizinische Hilfe, die den Gefangenen bei körperlichen oder psychischen Leiden geboten wurde, diente keineswegs der Heilung oder Genesung, sondern sollte ihnen weitere Verletzungen beibringen. Bestenfalls würde man sie so weit wieder herstellen, dass sie weitere Bestrafungen aushalten könnten. Der Gefängnisarzt resümierte schließlich selbstkritisch, dass er für die Geflüchteten kein Garant einer adäquaten Gesundheitsversorgung oder ihrer Würde war, sondern Komplize systematischer Folter.

Australiens System der Flüchtlingsabschreckung und -abwehr ist hochdifferenziert. Es geht auf intelligente Weise vor, wird doch nicht physisch, sondern mental, emotional und psychisch gefoltert. Technokratisch wird angeordnet, dass die Geflüchteten drei Mahlzeiten am Tag und Zugang zu medizinischer Versorgung erhalten sollen. Scheinbar bekommen sie alles, was lebensnotwendig ist. Doch steht das nur auf dem Papier. Die Realität ist eine extrem komplexe Folter im Verborgenen, die nahezu unsichtbar ist. Mit unseren Texten und künstlerischen Projekten wollen wir die Öffentlichkeit sensibilisieren, sie mitnehmen in die hermetisch abgeschirmten Gefangenenlager, wo sie mit den Internierten zusammenleben. Literatur und Kunst sind unsere schärfste Waffe. Mit ihnen durchbrechen wir die Isolation. Und inspirieren zum Aufbegehren gegen die koloniale Logik.

Parwana Amiri

Vom Traum, wieder in Sicherheit zu sein

Mit meiner achtköpfigen Familie musste ich mich 2018 auf die Flucht begeben und in meiner Heimat Afghanistan alles zurücklassen. Als die Taliban uns Haus und Hof nahmen, hatten wir keine andere Wahl gehabt. Bis dahin war unser Leben von hoffnungsvollen Träumen geprägt gewesen: Wir waren optimistisch, hatten uns Ziele gesetzt. Meine Geschwister und ich gingen gern zur Schule, mochte sie auch schlecht ausgestattet und pädagogisch wenig inspiriert sein. Aber Angst und Unsicherheit kannten wir nicht. Die nächste Mahlzeit war gesichert, die täglichen Bedürfnisse unserer Familie waren stets gedeckt. Mein Vater war Geschäftsmann, Apotheker, und engagierte sich politisch. Als er bedroht wurde, änderten sich die Dinge dramatisch. Unsere Reise ins Ungewisse begann. An ihrem Anfang hörte ich das erste Mal das Wort »Schleuser«. Es machte mir Angst, als ich diese »Schleuser« sah. Schon ihr Aussehen. Ich weigerte mich, mit ihnen zu sprechen. Ich spürte, dass sie mit unserem Leben spielten. Sie wollten nur Geld, nichts anderes interessierte sie. Daran maßen sie unseren Wert, den unseres Lebens. Mit ihnen gingen wir die nächsten Wege, überquerten Grenzen, zogen durch verschiedene Länder: Iran, Pakistan, Türkei.

Wir hatten die Taliban überlebt, dann auf der Flucht Hunger und Durst, Verfolgung und Erschöpfung. Eine Flüchtlingsfamilie verliert das Elementarste, das Zuhause.

Ein Zuhause bedeutet Sicherheit. Die kennen wir seit Jahren nicht mehr, wir haben unsere Identität verloren, sind ausgeliefert, schutzlos. Unsere letzte Hoffnung war schließlich Europa. Von der türkischen Küste der Ägäis aus sahen wir Griechenland, für uns das erste Licht am Ende des Tunnels. Und doch war es so fern: Ein aufgewühltes Meer mussten wir überwinden, um – wie wir hofften – nach langer Zeit wieder so etwas wie Sicherheit empfinden zu können. Bei unserem ersten Versuch, nach Europa zu gelangen, waren wir drei Stunden auf See. Wir erreichten das griechische Ufer nicht, wurden verhaftet und in der Türkei in ein Lager gesteckt. Die Ursache für unsere Leiden war das Abkommen mit der EU, die der Türkei viel Geld zahlt, um Flüchtende an der Grenzüberschreitung zu hindern. Dieser Deal ist auch der Grund, warum wir in den Lagern endlose Demütigungen erdulden müssen. Wir wollten deshalb nur weiter. Drei weitere Versuche unternahmen wir, über die Meerenge das rettende Ufer Europas zu erreichen. Jedes Mal verabschiedeten wir uns voneinander, umarmten uns, bevor wir in die Schlauchboote stiegen – wir wussten ja nicht, ob wir uns je wiedersehen würden. Nie werde ich die Frau in meinem Boot vergessen, die ihr Baby in den Wellen verlor. Dieses Kind konnte sein Leben nicht einmal beginnen. Solche Ereignisse, die ich über Monate auf der Flucht erlebte, ließen meinen Körper und meine Seele erkalten, regelrecht erstarren. Erst beim fünften Mal gelang es uns, die griechische Insel Lesbos zu erreichen. Dort brachte man uns in das Flüchtlingslager Moria, gleich neben dem gleichnamigen Dorf.

Ich war seit Langem zum ersten Mal wieder glücklich. Ich träumte vor allem davon, wieder zur Schule gehen zu können. Doch diese Hoffnung sollte sich nicht erfüllen, wie so viele mehr. Nicht in Moria. Das Lager war das pure Grauen. Als wir es betraten, hieß man uns in der Hölle willkommen. Tausende von Menschen waren hier zusammengepfercht, permanent in größter Not. Fortlaufend gedemütigt, schienen schließlich die Internierten ihre Entbehrungen als unvermeidliche Bedingungen ihrer Reise zu akzeptieren. Ich wollte das nicht hinnehmen, erhob meine Stimme, auch für meine zum Schweigen gebrachten Mitmenschen. Und ich schrieb über das Leben und Leiden im Lager, schmuggelte die Geschichten nach draußen. Solidarische Menschen halfen, die Texte zu publizieren.

Es ist empörend, dass Tausende Menschen stundenlang in langen Schlangen für das Elementarste anstehen müssen: um auf die Toilette zu gehen, um zu duschen, um einen Wasserhahn zu benutzen, um ein Essen zu erhalten oder einen Arzt aufzusuchen. Viele Kinder haben seit Jahren keine Schule mehr gesehen. Die Menschen in Moria leiden aufs Schlimmste, rund um die Uhr. Sie werden hier zu Gefangenen – ohne jemals ein Delikt begangen zu haben, ohne angeklagt zu werden, ohne Urteil. Bei uns sagt man, dass »Gefangenschaft auf lange Sicht nie angenehm sein kann, selbst wenn deine Zelle mit Diamanten verziert ist«. Als Geflüchtetem begegnen einem nur Isolation, Repressalien, Ungerechtigkeit, Ignoranz.

So bedeutet Flüchtling zu sein wesentlich mehr, als eine Grenze zu überschreiten, mehr als die Überwindung von Bergen, Meeren und Wüsten. Flucht ist mehr als der Weg von einem Land in ein anderes. Geflüchtet zu sein bedeutet, sprachlos gemacht zu werden, von der Teilhabe am Leben ausgeschlossen zu werden, nicht mehr Mensch zu sein. Grenzen manifestieren eine Abschottung von der Welt.

In einem Land heimisch zu sein, heißt, dass ich mich zugehörig fühle, zu Hause bin, die Sympathie anderer spüre – auch wenn ich arm bin, leide, kein Dach über dem Kopf habe. Damit geht einher, Respekt und Wertschätzung zu erfahren. Ein Land ist mehr als Heimat, mehr auch als ein Zuhause. Es bedeutet Sicherheit. All das haben wir mit unserer Heimat Afghanistan verloren.

Alle, die vor Krieg und Armut flüchten müssen, träumen davon, wieder in Sicherheit zu sein. Unsicherheit untergräbt das Leben. Seit ich auf der Flucht bin, ist meine Welt nicht mehr bunt, wie sie es einst war. Doch dieser Planet ist eigentlich bunt. Und er gehört uns allen. Mein Wunsch ist, den Planeten für alle wieder bunt werden zu lassen: Lasst ihn uns bemalen, mit den Pinseln der Solidarität. Es ist höchste Zeit.

Jan Ilhan Kizilhan

Schweigen ist tödlich – Von Gewalt, Trauma und Kultur

Die Zeugen der Ereignisse im nordirakischen Kodscho sind noch heute schwer gezeichnet – von jenem 15. August 2014, als in ihrem Dorf Mörder des Islamischen Staats (IS) Einzug hielten und 413 Einwohner hinrichteten. Nach den Exekutionen wurden Frauen und Kinder verschleppt, viele von ihnen wurden in Massenunterkünften nahe Tal Afar und Mossul interniert. Sie wurden bewacht von IS-Kämpfern, die sie fortlaufend erniedrigten, schlugen, vergewaltigten. Die Frauen wurden gezwungen, zum Islam zu konvertieren und täglich auf Arabisch zu beten, auch wenn sie nur Kurdisch sprachen. Der IS ließ Männer aus Syrien, Saudi-Arabien, Ägypten, Katar oder Tunesien in die Lager, die einige der entführten Frauen kauften. Tausende junge Mädchen wurden versklavt. Eine der schwer misshandelten Frauen aus Kodscho ist Nadia Murad, die 2018 den Friedensnobelpreis verliehen bekam. Die verschleppten Kinder wurden – ähnlich wie die afrikanischen Kindersoldaten – gedrillt und lernten Gewalt auch gegen ihre eigenen Familien anzuwenden. In den Camps übten sie, andere Kinder zu schlagen, sie zu kreuzigen oder lebendig zu begraben. Das Massaker von Kodscho war dabei nur ein Kapitel des fortwährenden IS-Terrors gegen die Volks- und Glaubensgemeinschaft der Jesiden, der sich zum Genozid ausweitete, nachdem die Miliz weite Teile des nordirakischen und syrischen Territoriums unter ihre Kontrolle gebracht hatte. Zehntausend Jesiden wurden dabei getötet. Ihre Verfolgung – mit dem Ziel, sie zur Konversion zum Islam zu zwingen – begann aber nicht erst mit der IS-Herrschaft, sondern hat eine lange Vorgeschichte im Nahen Osten. So sind in den vergangenen 800 Jahren 74 Genozide dokumentiert, die islamisierte Gruppen oder Staaten an den Jesiden verübt haben. 1,2 Millionen Männer und Frauen wurden getötet, 1,8 Millionen Überlebende mussten den muslimischen Glauben annehmen.

Das Leid der Opfer solcher Verfolgung und Drangsalierung ist unermesslich, über Generationen. Mit weitreichenden Folgen für die Psyche des Einzelnen, in der Konsequenz aber auch für die Gesellschaft, für die Zivilisation. Das findet sowohl in der einstigen Heimat wie auch in den Zufluchtsorten seinen Niederschlag, falls sie diese überhaupt halbwegs sicher erreichen. Auch hier sind sodann die Folgen täglich präsent, permanent erfahrbar: Denn der erlittene traumatische Stress als Resultat eines Lebens unter derart brutalen Bedingungen wie der der Jesiden geht weit über das hinaus, was der menschliche Geist und Körper ertragen können. Massive psychische Probleme sind die Folge: Depressionen, Panikattacken, Kopfschmerzen, vielerlei psychosomatische Beschwerden. Symptome, wie sie die gepeinigten Jesiden zeigen, weisen viele Opfer von Krieg und Verfolgung auf, viele Flüchtlinge. Jeder dritte Asylsuchende in Europa gilt derzeit als entsprechend klinisch traumatisiert. Bemerkenswert ist: Studien identifizieren nicht nur bei den Opfern von Terror und Flucht derlei psychische Gesundheitsprobleme. Deserteure von Terrorgruppen weisen die gleichen Symptome auf. Untersuchungen haben ergeben, dass Kriegsveteranen ebenso wie ihre Opfer traumatisiert sind. Auch die Täter leiden unter Alpträumen, Ängsten, Erregungszuständen.

Jede Erinnerung an die für das Trauma ursächlichen Ereignisse löst bei den Überlebenden Angst aus – und wird regelmäßig verdrängt. Selbst ganz alltägliche Situationen werden von den Betroffenen als Bedrohung erlebt, provozieren Reizbarkeit und Aggressivität. Und die traumatische Erfahrung begleitet Täter wie Opfer auch in zunehmendem Alter. Regelmäßig kehren die Erinnerungen zurück. Das Ergebnis: Traumatisierte Menschen wählen häufig ein Leben in Isolation. Sie schotten sich ab, verlieren Freunde und Bekannte, entwickeln aggressive oder gewaltbereite Verhaltensformen und greifen zu Suchtmitteln, um ihre schmerzvollen Gedanken zu dämpfen. Nach außen erscheinen sie dabei durchaus als die Personen, die sie einst waren. Vermeintlich. Tatsächlich sind sie krank. Sie sind Patienten, die versuchen, allein oder in ihrem vertrauten Umfeld mit ihren Problemen fertig zu werden. In vom Krieg zerrütteten Staaten dauert es in der Regel mehrere Generationen, bis die Menschen wieder Vertrauen schöpfen und eine gesunde Gesellschaft aufbauen können.

So werfen Kriege – und ihre Folgen wie die Flucht – lange Schatten: individuell wie auch gesellschaftlich, in den Kriegsregionen wie an den Zufluchtsorten. Noch Jahrzehnte nach dem Ende der Gewalterfahrungen sind die Gedanken der Überlebenden verdüstert, es besteht ein kollektives Trauma. Die Folgen spüren die Nachkommen der Täter ebenso wie die Kinder und Enkel der Opfer. Und Geschichte wiederholt sich, wenn Gesellschaften sich die Dynamik und die Prozesse hinter diesen Verhaltensmustern nicht bewusst machen. Dann bilden sich neue Gruppen mit regressiven, primitiven und brutalen Intentionen – Gruppen von Menschen, die jegliches menschliche Gefühl tilgen wollen. Derartige Tendenzen lassen sich allerdings nicht vorhersagen, denn das beschriebene kollektive Trauma funktioniert nicht für alle sichtbar, meist schlummert es unter der Oberfläche. Es durchdringt alle Lebensbereiche und prägt über mehrere Generationen hinweg eine völlig andere Wahrnehmung der Realität.

Eltern, die selbst mit ihrer eigenen Leidensgeschichte kämpfen, stellen fest, dass ihre Einstellungen und ihr Verhalten das Denken und Handeln ihrer Kinder nachdrücklich beeinflussen. Kinder, denen zu wenig erzählt wird und die allein versuchen müssen, das volatile Verhalten ihrer traumatisierten Eltern zu verstehen, entwickeln mit größerer Wahrscheinlichkeit eigene Vorstellungen von dem, was ihren Eltern widerfuhr. Dabei füllen Kinder die Lücken mit Fantasie. So entstehen Märchen und Mysterien, die sich in ihren Köpfen zu scheinbaren Geschichten aus der Vergangenheit ihrer Eltern zusammenfügen. Die Psyche kreist um die Themen Leben und Tod, um die Rolle des Mörders und des Opfers.

Derweil hängen Väter, die beim Militär waren, oftmals Kriegsidealen an, um ihre Weltanschauung und die Grausamkeiten, an denen sie selbst beteiligt waren, gegenüber ihren Nachkommen zu rechtfertigen. Nach dem Kriegsdienst wenden sich viele Väter ihren Kindern als sogenannte Ich-Objekte zu: Sie nutzen sie, um ihr eigenes Selbstwertgefühl zu stützen. Ihre Kinder werden zu narzisstischen Objekten, in denen sie sich selbst bestätigen wollen. Damit die Kinder den Idealen des Vaters genügen, muss ihr Wille in Permanenz gebrochen werden, unablässig werden sie korrigiert. So sehen manche Anhänger des IS sich tatsächlich als Opfer und prahlen mit ihren grauenhaften Taten. Ihr Versuch, sich von jeder Verantwortung freizusprechen, bewirkt, dass auch ihre Nachkommen diese Vergangenheit nicht hinterfragen. Die Eltern wiederum freuen sich über die vermeintlich erreichte »Normalität« und kappen die Verbindung zu ihrem Leiden, zu ihrer Schlaflosigkeit und zur Wut, die sie einst verspürten. Traumatische Erinnerungen wirken so auch in nachfolgenden Generationen weiter.

Traumata wirken substanziell auf das Fühlen und Handeln, stoßen heftige Reaktionen an. Es ist ein Zustand großer Angst, der auf Dauer nicht zu ertragen ist. Um Erleichterung zu erfahren, versuchen die Opfer sich vor verstörender Erinnerung zu schützen, indem sie ihre Wut, ihren Schmerz, ihre Scham oder ihre Schuld quasi als Panzer um sich tragen. Um die Rückkehr in die dunkelsten Ecken ihrer Erinnerung zu vermeiden, wechseln die tief verletzten Personen ihre sozialen Netzwerke, leben verstärkt in der Gegenwart, planen mit Blick auf die kommenden Tage, nicht auf kommende Jahre. Das Nicht-wissen-Wollen ist kein passives Sich-Verschließen, sondern die aktive Zurückweisung des Bewusstseins. Es handelt sich um psychologische Mechanismen, die die Feststellung der Wahrheit erschweren. Und das hat Konsequenzen nicht nur für das Individuum, sondern auch für Gesellschaft und Politik. Wenn sich die Gesellschaft der kollektiven Katastrophe stellt, verbinden sich affektive Isolation, Fantasie und die Anerkennung der historischen Realität. Phänomene, wie sie auch bei politisch Verantwortlichen und ihrem Umgang mit der Bevölkerung festzustellen sind. So in der Türkei mit der dort schier unmöglichen Anerkennung des Völkermords an den Armeniern vor rund einem Jahrhundert. Das führt heute dazu, dass Staaten und Organisationen den IS verteidigen, national und religiös Stellung beziehen und ihre Vorfahren als Opfer des westlichen »Imperialismus« einstufen. So verdrängen viele traumatisierte und unter ihren Verlusten leidende Menschen die Wahrheit – mit dem Ergebnis, nicht richtig trauern zu können. Trauer ist jedoch ein bedeutender, weil kathartischer Prozess: ein Innehalten, ein Abschied. Ein Kampf um jene Menschlichkeit, die einem der Gegner geraubt hat. Ohne einen bewussten Prozess des Trauerns empfindet der Leidende Traurigkeit, ohne um den Grund dafür zu wissen. Die in ihm wühlenden Emotionen finden keinen Ankerpunkt, was vielfach den Ruf nach Rache laut werden lässt. Ein Gemütszustand, der vitale Gefahren für die Zukunft birgt. Für den Einzelnen, aber auch gesellschaftlich. Auffallend ist, dass das Durchbrechen des Kreislaufs des Schweigens bei den Tätern nicht leichter ist als bei den Opfern, denn ihre kollektive Schuld und Scham sind so groß, dass der Versuch, die Stille zu überwinden, drastische psychische Schäden anrichten kann.

Die kollektiven Erinnerungen zahlreicher ethnischer und religiöser Gruppen, wie der Jesiden, sind über Jahrhunderte durch Verfolgung und Massaker geprägt. Das Wissen darum, dass andere Gruppen und Mächte ihre ureigene Existenz fortlaufend infrage stellten und versuchten, sie als Gemeinschaft auszulöschen, hat in der jesidischen Psyche tiefe Narben hinterlassen. Das kollektive Gedächtnis speichert, was der Zeuge der begangenen Gräueltaten sah und erlebte – was wiederum die Gesellschaft prägt. Dabei formt Erinnerung sich nicht aus den reinen historischen Fakten und politischen Hintergründen, sondern aus momentanen Ereignissen. Tatsächlich haben die Berichte der Überlebenden und Augenzeugen nie mit der objektiven Wahrnehmung des Geschehens zu tun, da niemand in Gänze begreifen kann, was tatsächlich geschah: Kann irgendjemand tatsächlich die Verletzlichkeit und den Schmerz des achtjährigen Mädchens nachempfinden, das von einem Sechzigjährigen vergewaltigt wird? Wissen wir, wie es ist, wenn die eigenen Eltern und Geschwister in einer Massenexekution hingerichtet werden? Ein solches Maß an Grausamkeit geht weit über jede Vermittelbarkeit hinaus. Für die Überlebenden ist dabei die offizielle Bestätigung, die Anerkennung der Ereignisse, elementar wichtig.

Krieg verzerrt auch jede Gesellschaftsordnung: Zerstörung vernichtet, wie in Syrien und Irak, nicht nur das eigene Zuhause und die Seele der Menschen, sondern auch die sozialen Strukturen, in denen sich die Menschen bewegen. Sicherheit und staatliche Strukturen, die einst, auch in der Diktatur, ein gewisses Maß an Stabilität garantierten, werden komplett aufgehoben. Allerdings waren die IS-Angriffe nur möglich, weil die an ihnen beteiligten Terroristen – mit Hilfe vieler anderer Menschen und Staaten – sowohl nationale Grenzen als auch die Grenzen der Vernunft überschreiten durften. Der einzelne IS-

Kämpfer hat dabei eigentlich wenig Macht, doch er ist Teil eines Kollektivs und tötet, weil auch andere Mitglieder der Gruppe töten. Der Historiker Jörg Baberowski hat überzeugend dargelegt, dass Morden als gemeinsamer Akt die daran Beteiligten enthemmt und vereint. Derart weitreichende Gewalt führt, wie eine nukleare Kettenreaktion, unvermeidlich zu weiteren katastrophalen Veränderungen, die schließlich nicht mehr bewältigt werden können. Die Moral schleicht sich aus dem Bild, das Töten wird regelrecht wünschenswert. In der Folge entsteht eine auf Misstrauen gründende Gesellschaft – und bis diese ihr Trauma bewältigt, vergehen viele Jahre. Wenn es überhaupt zu gelingen vermag.

Bei allem gilt: Schweigen ist tödlich. Solange Terroristen im Namen des Islam morden, vergewaltigen und versklaven, sind Muslime verpflichtet, sich der Frage zu stellen, ob ein solches Verhalten mit dem Islam in Einklang zu bringen ist. Wir alle haben das Recht, Mord und Brutalität abzulehnen, gleichgültig aus welchen Gründen. Bezieht die islamische Welt nicht offen Stellung dazu, kann das als Ignoranz oder gar Zustimmung interpretiert werden. Was nicht heißt, dass Nicht-Muslime im Angesicht des IS und anderer Terroristen, die im Namen des Islam Genozide verüben, schweigen dürfen. Aktive Einmischung und klare Statements gegen den Terror sind immens wichtig. Von allen Seiten. Terrormilizen wie der IS löschen nicht nur das Leben Tausender Menschen und ihrer Familien aus, sie unterminieren den Islam an sich. Zukünftige Generationen von Muslimen werden lange brauchen, um diese Gräueltaten zu verarbeiten, denn diese wurden Teil der kollektiven muslimischen Erinnerung. Ob sie wollen oder nicht. Bereits heute wenden Millionen junger Muslime sich stillschweigend vom Islam ab. Als Kinder ihrer Kultur würden sie sich in der Regel weder bei den Eltern noch bei den Vertretern ihrer Religion beschweren. Diese Konfliktscheu gewährleistet, dass weder sie noch ihre Eltern ihr Gesicht verlieren. Sie wählen die Isolation, wenden sich nach Innen, fokussieren sich nur noch auf sich. Das aber spielt den Terroristen in die Hände, die sich ermutigt fühlen, als Vertreter des Islam zu agieren.

Es ist ein riskanter Prozess: Scheint es zunächst, als ob die überwältigende Kraft der Gewalt gebändigt werden konnte, geschieht in Wirklichkeit etwas Düsteres. Die Gewalterfahrung wirkt im Unbewussten fort. Damit entsteht die »Introjektion«, ein Teil des eigenen Ich, das unter dem Gefühl des Nicht-dazu-Gehörens leidet. Die meisten verlassen sich ohne es zu wollen auf diesen Mechanismus der Introjektion – als Möglichkeit, sich vor expliziter Gewalt zu schützen. Um dann zu realisieren, dass diese internalisierte Gewalt ebenfalls bewältigt werden muss. Einmischung ist so unerlässlich, auf allen Ebenen, um übernommene Verhaltensmuster brechen und die zivilisatorische Herausforderung fortwährender Gewaltspiralen bewältigen zu können: wobei die Vermeidung von Gegengewalt – als übliche Reaktion auf Terror – zentral ist. Dafür muss überall, auch in den Gotteshäusern weltweit, die Sprache des Friedens gesprochen werden, die Sprache der friedlichen Koexistenz.

»Der Zweck aller Kriege ist der Frieden«, heißt es. Über die Jahrtausende hat unsere Welt ebenso viel Einheit wie Zwietracht erlebt. Das Beste, was wir bisher zustande gebracht haben, ist die demokratische Gesellschaft, in der Differenz, Vielfalt und Freiheit Platz haben. Gepaart mit verlässlichen Rechts- und Ordnungssystemen ist diese Konstellation stark genug, um der Gewalt und Grausamkeit die Stirn zu bieten. Aber die Demokratie, repräsentiert durch ihre politischen Entscheidungsträger, hat auch eine beschämende, befleckte Seite: indem sie Waffen produziert und an Täter verkauft, die unendlich viele unschuldige Menschen töten. Die Demokratie schafft Frieden im eigenen Land und macht durch ihre Waffen Krieg in anderen Ländern erst möglich – was fortlaufend den Kreislauf der Gewalt unterhält: Das Trauma des Einzelnen und der Gesellschaft endet so niemals.

Dariush Beigui/Pia Klemp

No Borders Navy –
Rebels with a Course

Die Kapitäne Dariush Beigui und Pia Klemp nahmen an mehreren Rettungseinsätzen für Geflüchtete im zentralen Mittelmeer teil. Das Schiff »Iuventa«, mit dem binnen eines Jahres 14.000 Frauen, Männer und Kinder gerettet wurden, beschlagnahmten die italienischen Behörden im August 2017 in Lampedusa. Die italienische Justiz wirft den beiden Schiffsführern und weiteren Aktivisten »Beihilfe zur illegalen Einreise« vor und will sie dafür vor Gericht stellen. Es geht um bis zu 20 Jahre Gefängnis.

Pia mag an Dariush am liebsten seinen Hund. Da Pia keinen Hund hat, ist es schwierig für Dariush. Doch ihre geteilte Wut und der gemeinsame Kampf verbinden Pia und Dariush – auch bei ihren Reflexionen zur tödlichsten Grenze der Welt.

DARIUSH: im november 2016 war ich das erste mal mit der »iuventa« im zentralen mittelmeer unterwegs. neben vielen anderen momenten sind mir zwei situationen besonders in erinnerung geblieben. als wir uns dem search-and-rescue-gebiet näherten, den gewässern nördlich des libyschen hoheitsgebietes, haben wir auf die (digitale) seekarte geguckt. mir wurde gezeigt, wo in der gegend gerade zivile rettungsschiffe patrouille fuhren. wir waren das sechste oder siebte schiff, das »on scene« war. ich wusste natürlich vorher, dass es viele seenotrettungsinitiativen gab. aber direkt vor ort, mittendrin zu sein, war doch noch mal was anderes. ich war auf jeden fall fassungslos, als ich erlebte, dass es keine – zumindest keine ausreichende – staatlich organisierte seenotrettung gab. 2020 ist die situation sogar noch viel schlimmer. wieso interessieren diese menschen die regierenden nicht und wieso empört das nicht viel mehr leute in europa? oder ist es sogar gewollt, dass jemand eher ertrinkt, als nach europa zu kommen?

unvergesslich ist mir das erste schlauchboot, das ich sah. ich stand an der reling, während es langsam von unserem beiboot zur »iuventa« geschleppt wurde. 130 menschen an bord. wie verzweifelt sie aussahen. wie erleichtert zugleich, nicht mehr in lebensgefahr zu sein. ich war so unfassbar wütend. diese leute waren nicht wegen einer naturkatastrophe in dieser gefährlichen situation. eine tödliche asyl- und abschottungspolitik hatte sie gezwungen, sich auf ein überfülltes, nicht see- taugliches boot zu begeben – auf der suche nach schutz und sicherheit. ich hatte tränen in den augen, meine hand war zur faust geballt.

PIA: An meinem ersten Einsatztag waren auch andere NGO-Schiffe in der SAR-Zone, dem Rettungsgebiet zwi- schen Europa und Afrika. Trotzdem habe ich mich allein gefühlt, also mit meiner Crew zu fünfzehnt allein. Mehr Wasser umgibt nur die Menschen auf der Flucht, habe ich gedacht. Ihre Boote sehen wir in dieser Nacht nicht, bloß die verpixelten Echos auf dem Radar. Die Schreie aber können wir hören, weit bevor sich ihre Schemen in der Dunkelheit abzeichnen. Wie viele haben wir nicht gefun- den?, stellt sich mir als unerträgliche Frage. Schließlich ist es doch das, was gewollt ist. So wird es jeden Tag entschie- den – in schicken klimatisierten Büros, beim Leisten einer Unterschrift oder beim Unterlassen eines Anrufs, der in vielen Notfällen eben nicht getätigt wird. Wir sind mal wieder schrecklich banal in Europa.

Wenigstens das Meer nimmt die Menschen vorurteils-frei auf. Und genauso nüchtern und kalt fühle ich mich auch gerade. Als wir uns am nächsten Tag allein um 13 hoffnungslos überfüllte Schlauchboote kümmern, kann ich nur noch lachen. Ein freudloses Lachen, das versucht, sich von der Absurdität loszureißen, um dann am Ende des langen Tages doch nur mit der Sonne unterzugehen. Ich schüttele den Kopf – und einer von den fast vierhundert Gästen an Bord unseres 30 Meter langen Schiffes guckt mich ernst an. Mit denselben Augen, die Folter, Vergewaltigung und so viel Tod gesehen haben. Also höre ich besser auf, mich anzustellen, und lege mich für zwei Stunden schlafen. Morgen machen wir weiter. Dabei wird die Sonne scheinen und eine Möwe lautstark auf einer zurückgelassenen Rettungsweste landen. Was weiß ich, ob sie schreit oder lacht.

DARIUSH: als du eben den blick erwähnt hast, mit dem du angeguckt wurdest, ging bei mir im kopf der film los. juni 2017 – wir hatten ein paar hundert menschen auf der »iuventa«, einige seit fast 40 Stunden. die »iuventa« wäre schon mit 150 menschen ziemlich voll, wir hatten jetzt fast die dreifache zahl an bord. direkt vor der brücke ist ein kleines zwischendeck, auch dieses war voller menschen. irgendwann stand vor jedem fenster der brücke jemand und hat mich angestarrt. sieben paar augen – verzweifelt, übermüdet, hungrig. ich sehe sie immer noch vor mir, immer wieder. mir ist noch nie so sehr bewusst gewesen, dass ich genauso ein teil des problems bin wie die, die ich verachte. diese menschen an bord haben einfach ein paar weiße gesehen, denen es so viel besser ging als ihnen. ich hab es in ihren blicken gesehen. die frage, die ich mir seit-dem so oft gestellt habe: wie konnte es passieren, dass es so einen großen, existenziellen unterschied macht, wo auf dieser welt du geboren wurdest. geraten europäer*innen in seenot oder eine andere gefahr, dann werden alle hebel in bewegung gesetzt, um sie zu retten. kommst du aus asien oder afrika, dann ist dein leben einfach nichts wert. zumindest bei den armen seelen, die sich eine flucht gar nicht leisten können oder die eben gezwungen sind, diese fluchtroute zu nutzen. menschen mit genug geld haben es wohl einfacher.

fast 25.000 menschen verhungern jeden tag, in textilfabriken arbeiten sich die leute zu tode, das gleiche gilt für die elektro- oder die ölindustrie. die liste ließe sich fortsetzen. und das mittelmeer ist immer noch die tödlichste grenze der welt. und in europa? ist das alles bei fast niemandem thema. selbst wir, die sich antikapitalisten nennen, sind tagtäglich die nutznießer*innen davon, dass ein großteil der welt für uns leidet. für mich war und ist die seenotrettung kein akt der humanität, es ist mein politisches statement gegen den kapitalismus. ich dachte mir: »ihr wollt, dass die leute verrecken? ich versuch so viele wie möglich zu retten.«

PIA: Search and Rescue, SAR, ist Teil des antifaschistischen, antikapitalistischen Kampfs. Dabei lässt man sich von EU-finanzierten Milizen dafür anschreien, dass man Menschen aus dem Wasser zieht, während mit Maschinengewehren in die Luft geballert und dir über Funk der Beschuss deines Schiffes angedroht wird. Himmel hilf, wenn auch nur ein einziger illiquider Ausländer mehr den ehrwürdigen Boden Europas betreten sollte! Da ist's nur recht, dass in der Notrufleitzentrale in Rom schon lange keiner mehr ans Telefon geht. Ich bin nicht da draußen, um gebenedeit Leiden zu lindern. Im Großen und Ganzen mag ich Menschen noch nicht einmal besonders. Ich will schlicht das ganze System absägen, das dieses Elend hervorbringt. Humanitäre Heldentaten, bei denen sich jeder fein selbst auf die Schulter klopfen kann, bringen nichts. Wir brauchen Solidarität: zwischen der jungen Sudanesin, die schamzerfressen nach einer Binde fragt, wo sie doch auch Astronautin sein könnte; dem lachenden Kongolesen, der es nicht fassen kann, dem Lager lebendig entkommen zu sein; und der Europäerin, die beinahe unversehrt Camus und Goldman liest, anstatt zwangsverheiratet und genitalverstümmelt zu sein. Einer dieser libyschen Küstenwächter griente mich gleichermaßen anbiedernd wie lobhudelnd an und behauptete glatt, wir würden den gleichen Job im Mittelmeer machen. Weil ich zu gut erzogen bin, habe ich ärgerlicherweise meine aufsteigende Galle wieder heruntergeschluckt. Ich bin Fluchthelfer – und Grenzverächter. Ich verfluche Uniformen – und ich bewundere die »ElHiblu3«. Dieses Kürzel steht für eine dieser unfassbaren Fluchtgeschichten, eine von so vielen: Am 26. März 2019 flohen 108 Menschen mit einem Schlauchboot aus Libyen. Das Frachtschiff »El Hiblu« barg die Geflüchteten aus Seenot, wurde dann jedoch von der europäischen Militäroperation »Eunavfor Med« angewiesen, die Geretteten nach Libyen zurückzubringen – in ein Bürgerkriegsland, in dem Migranten unter schrecklichen Bedingungen leben, viele sterben. Die Flüchtenden protestierten gegen den völkerrechtswidrigen Pushback und überzeugten die Besatzung des Frachtschiffes, Kurs nach Malta zu setzen. In Europa angekommen, wurden drei afrikanische Teenager aus der Gruppe, seither die »ElHiblu3«, verhaftet und des Terrorismus beschuldigt. Im Falle einer Verurteilung drohen ihnen langjährige Gefängnisstrafen. Nein, es ist lange nicht vorbei nach einer Rettung. Weder für sie noch für uns. Und da steht es gleich schon wieder: sie und uns, wir. Ich will meine Privilegien nicht wollen.

DARIUSH: natürlich wünsch ich mir auch eine welt, in der alle menschen gleich behandelt werden. es ist 2020 und wir waren selten so weit entfernt von dieser wunschvorstellung wie zurzeit. wir in europa sind meister im weggucken und verdrängen. dass klamotten, technische geräte und nahrungsmittel so billig auf unseren märkten sind, hat einen preis. aber den zahlen nicht wir. kaum ein kontinent, der in der vergangenheit nicht von europäischen kolonialmächten ausgepresst wurde. und eigentlich hat dieses ausbeuten nie aufgehört. menschen schuften sich in aller welt zu tode, um unseren lebensstandard auf dem gewohnt hohen – aber billigen – niveau halten zu können. unsere waffenexporte ermöglichen kriege und diktaturen rund um den globus. auch das täglich zehntausendfache verhungern wäre problemlos vermeidbar. aber die empörung des europäischen spießbürgers ist groß, wenn sich dann doch mal jemand erdreistet, den ort zu verlassen, an dem sie/er es nicht mehr aushält, oder dass eine familie jahrelang spart, damit eines der kinder sich auf den weg nach europa machen kann. das alles in der hoffnung, dort genug geld zu verdienen, um der ganzen familie ein überleben zu ermöglichen. und wenn diese menschen es nach einer meist lebensgefährlichen, jahrelangen »reise« bis an die mauern der europäischen festung geschafft haben, dann ist es den europäischen werte- und grenzschützern immer noch lieber, sie verrecken direkt vor unseren augen, als ihnen eine helfende hand zu reichen. die einen ertrinken halt im überfluss, die anderen im mittelmeer.

PIA: Sie wollen es immer so viel besser machen in ihren honorigen Parlamenten. Mehr Gerechtigkeit, mehr Frieden. Das beten sie fein runter, kniend vor Denkmälern von Verschleppten und Ermordeten. »Wehret den Anfängen«, ejakulieren sie mit betroffener Stimme und tumber Visage, die verrät, dass sie ihre eigenen Worte nicht begreifen. Sie pissen sich ein vor europäischem Stolz über einen Friedensnobelpreis, den wir als Persilschein verstehen, jetzt alles zu dürfen. Es ist doch in Oslo verbrieft, dass wir die Humanisten sind. Hehre Ziele zwingen uns, mit schier göttlicher Hand zu unterwerfen, über Leben und Tod zu entscheiden. Und vor allem dazu, erhaben zu sein. Ethik, Wissenschaft und Recht sind als schmückendes Beiwerk zur Attrappe degradiert – eine bloße Maske für die Fratze des Neo-Kolonialismus. Der Homo sapiens europaeus ist

schon lang an seiner eigenen verlogenen Idee von Menschlichkeit gescheitert. Der postulierte aufrechte Gang seiner
Moral stützt sich auf Erblindung und Gehörverlust und
findet seinen Tritt auf dem Niedergang der anderen und
der Natur. Flüchtende gehören mit einem griechischen
Schutzschild abgewehrt. Die Bundesregierung ist entsetzt,
dass trotz Corona im Mittelmeer gerettet wird, freut sich
aber über boomende Rüstungsexporte. Ganz nebenbei
wird der Planet zerstört. Am Ende sind wir dann über-
rascht über all diese Klima- und Kriegsflüchtlinge; das
war in unserem Schöpfungsplan nicht vorgesehen. Im
Angesicht des modernden Leichnams des Humanismus
sind wir keine gnädigen Götter, sondern zähnefletschende
Zombies. Wir zehren vom Schweiße derer, die – wenn alle
Hoffnung dahin ist – in Booten kommen; vom Fleisch der
vom G36-Sturmgewehr »Made in Germany« Zerfetzten;
und vom Leben der gerodeten Wälder und vergifteten
Flüsse. Und alles, damit wir – offene Gesellschaft, die wir
sind – weiterhin unbedarft und ungestraft Lidl-Fleisch auf
den Grill in unseren umzäunten Schrebergärten werfen
können. Die 80 Millionen auf der Flucht sollen draußen
bleiben und gefälligst das Land aufbauen, das ihnen nicht
mehr gehört. Koste es sie, was wir wollen.

DARIUSH: das klingt jetzt ziemlich hoffnungslos, per-
spektivlos, verdrossen. bin ich ehrlich gesagt auch oft.
immer wieder werde ich gefragt, was mir die kraft gibt weiterzumachen. das ist eigentlich ganz einfach, meine kraft
entspringt zwei quellen – um es prosaisch zu beschreiben.
diese beiden quellen fließen irgendwo zusammen und
werden zu einem reißenden fluss. die eine quelle ist der
persönliche kontakt mit all den menschen auf der flucht.
ich hab die – von mir so empfundenen – vorwurfsvollen
blicke schon beschrieben. genauso werde ich aber nicht
die blicke derer vergessen, die durch uns wieder ein
klein wenig hoffnung geschöpft haben. sie haben durch
uns gemerkt, sie sind nicht allen egal. erst recht werde

ich nie die erleichterung vergessen, die sich ausbreitet, wenn wir hunderte menschen von einem boot geholt haben, die ganz genau wussten, wenige stunden später wären sie alle ertrunken. sie haben ihren schwimmenden sarg noch mal verlassen können, wir haben sie zurück ins leben geholt. in solchen momenten lag die hoffnung auf ein besseres leben in der luft. dass die reise dahin allzu oft dann in italien schon wieder zu ende sein wird, dass haben wir nicht erzählt, dass haben wir nicht übers herz gebracht. diese menschen, jede/r, die/den ich an bord der »iuventa« hatte, gibt mir kraft, weiterzumachen. die andere quelle ist nicht so subtil, findet aber täglich neue nahrung – der hass auf das bestehende, der unwille, sich damit zufrieden zu geben. und niemals so selbstzufrieden und selbstverliebt zu sein wie die, die wir verachten. ich werde nicht aufhören, mich dafür einzusetzen, dass sich etwas ändert. ich werde nicht aufhören, mich für die gerade zu machen, die viel zu wenige beachten. sei es im zentralen mittelmeer, auf lesbos oder wo es mich noch hin verschlagen wird. ich erwarte von all diesen menschen keinen dank, auch von sonst niemandem. darum ist es mir nie gegangen. für immer punk halt ...

PIA: Unser artgemäßes Bedürfnis, einen Sinn zu erkennen, prallt verdammt hart auf die unzumutbare Unvernunft der Welt. Und Gott ist nun auch schon eine ganze Weile tot. Kein Problem, der ewig herrschsüchtige Kapitalismus übernimmt seine Macht, mit gewohnter Grausamkeit biblischen Ausmaßes. Ein Gegner so übermächtig, die Unterdrückung so mannigfaltig, dass einem bald schwindelig wird. Ja, wieso kämpft man schier aussichtslose Kämpfe gegen erbarmungslose, erbärmliche Systeme und wo nimmt man den Willen dazu her? Ob es nun die Zerstörung des Planeten ist oder das Treten von Menschen (es wäre naiv zu behaupten, nur ihre Rechte würden mit Füßen getreten. Es sind ganz buchstäblich sie selbst, die hier zertrampelt und zermalmt werden, da stehen sie dem

Schicksal des Planeten nicht viel nach) – die Katastrophe kommt nicht, sie ist da. Da muss man sich nun einmal entscheiden, wo man stehen möchte. Und was will ich mit meinem »Erste Welt«-Himmel, während andere durch die wahrhaftige Hölle gehen? Wenn schon niemand das Meer für sie teilt, dann werden wir sie zumindest dort rausziehen. Nicht trotz des Erzürnens der Machthaber, sondern gerade deswegen. Unbequem zu sein und es damit auch oft selbst unbequem zu haben, ist die einzige Antwort auf eine brutale Realität. Werden wir am Ende damit Erfolg haben? Hatten wir ihn schon, zumindest in Teilen? Das ist fast nicht wichtig. Wir jagen dem Unmöglichen hinterher, genau wie Liebende es tun. Es liegt ein gleißendes Drängen in unserem Kampf für Utopia. Man kann gar nicht anders, als weiterzumachen. Die Alternative darf keine sein. Und Hand aufs Herz, wenn Nietzsche mit einem Federstrich den Herrn im Himmel abschaffen konnte, was sollte uns davon abhalten, schnöde irdische Herren zu stürzen?

DARIUSH: was du gerad zuletzt geschrieben hast, macht mir – vielleicht zum ersten mal – bewusst, was diese große seenotrettungsszene so besonders für mich macht. wir gucken uns die windmühlen nicht nur aus der ferne an, wir haben sie längst angegriffen. wir haben eine gemeinsame utopie, dabei sind wir so unterschiedlich. auch wir beide. wir hätten uns wahrscheinlich – nein, sicher – weder in einer politgruppe getroffen noch in einer kneipe oder auf einem konzert. wir haben echt wenig gemeinsam. und so sind in den vielen seenotrettungsinitativen menschen aus unterschiedlichsten strömungen anzutreffen. doch alle haben einen unbrechbaren willen, sich dafür einzusetzen, dass weniger menschen vor europas mauern ertrinken. was die linke bewegung an land viel zu selten hinkriegt, ist auf den schiffen möglich: zusammenhalten, zusammen arbeiten! mitten in der nacht, bei stürmischem wetter – ein schlauchboot gerad am kentern, menschen im wasser. da denkst du nicht drüber nach, ob die anderen in deiner crew punx sind, spießer, anti-imp oder antifa. es geht darum, leben zu retten. ich hab wochen mit menschen auf engstem raum verbracht, die ich wahrscheinlich keine stunde in meiner wohnung aushalten würde. in all unserer diversität haben wir das gleiche ziel. so viele menschen vor dem ertrinken zu retten, wie es uns möglich ist. würden wir das an land auch besser hinkriegen – nicht immer nur im eigenen bauchnabel pulen und mit niemandem was auf die beine zu stellen, die/der nicht komplett unseren ansprüchen genügt – dann wären wir vielleicht wirklich nicht aufzuhalten!

und weniger angst haben vor konsequenzen: uns beiden droht ein prozess in italien. und wenn es richtig schlecht läuft, dann enden wir im gefängnis. ich weiß nicht, ob es mich abgehalten hätte, wenn ich vor meinen einsätzen gewusst hätte, dass ich dafür hinter gittern landen kann. aber was ich jetzt ganz genau weiß: ich würde es jederzeit wieder machen. jeder einzelne mensch, der nicht ertrunken ist, weil ich – weil wir – da draußen waren, ist es wert.

PIA: Ein kafkaeskes Ermittlungsverfahren mit Aussicht auf einen politischen Schauprozess ... Mit der Frage, ob man es getan hätte, hätte man um die Konsequenzen gewusst, legen wir den Finger in eine klaffende Wunde. Den anderen stellt sie sich erst gar nicht. Den wichtigsten Akteuren in diesem obszönen Mittelmeerspektakel – den Flüchtenden – wurde so viel genommen, dass ihnen selbst die Angst abhandenkam. Was bleibt, ist der unbändige Mut der Hoffnungslosen. Und so setzen sie sich über ihre Todesurteile hinweg; entfliehen Krieg, Unterdrückung und Hunger, ganz gleich ob das ein schäbiges Gesetz oder ein hinterlistiges Abkommen verletzt. Und dann stehen wir da gemeinsam auf unseren überfüllten Decks: illegal eingereist, unerlaubt nicht ertrunken, widerrechtlich dabei geholfen. Freiheit wurde seit jeher von Kriminellen erlangt. Mitunter dient dann ihr Geburtsjahr als

Kalendergrundlage, nach manchen benennt man Plätze und Schulen – bloß lebendig dürfen sie nicht mehr sein. Den meisten, die für Freiheit streiten, ist gemein, dass sie unliebsame Konfrontationen mit dem einen oder anderen Staatsapparat ausstehen müssen. Bei dieser Gelegenheit erledigt sich das mit dem Lebendigsein oftmals von ganz allein. Ein System, das auf Gier, Gewalt und Gehorsam beruht, wird immer mit voller Härte zuschlagen, wenn man an seinem Machtanspruch und seinen Festungsmauern kratzt. Dieses System gehört nicht geändert, es muss niedergerissen werden. Und während beharrlich Wellen gegen den Bug schlagen und die Rettungsdecken leise im Wind knistern, pocht Durrutis altes Skript der Zukunft in unserer Brust: »Wir haben keine Angst vor Ruinen, denn wir tragen eine neue Welt in unseren Herzen. Diese Welt wächst in diesem Augenblick.«

DARIUSH: »geia mas! ki oi batsoi makria mas!«. ist griechisch – und meint so viel wie: »prost! und mögen die bullen dir stets fernbleiben!«

Jean Ziegler

Wenn ein Friedensnobel- preisträger das Grund- recht auf Asyl abschafft

In seinem apokalyptischen Kriegsroman »Kaputt« berichtet der Schriftsteller Curzio Malaparte, wie er als Hauptmann der italienischen Armee das Warschauer Ghetto besichtigt. Er schildert das Gefühl der Scham und des Unbehagens, das ihn beim Anblick der Erniedrigung und Angst der Eingesperrten überkommt. Malaparte war nicht der unmittelbare Urheber der Schrecken, mit denen er sich konfrontiert sah. Doch als italienischer Militärangehöriger, der mit den Nazis verbündet war, fühlte er sich als unfreiwilliger Komplize der Schurken. Im Mai 2019 erinnerte ich mich Malapartes und empfand eine ähnliche Betroffenheit, als ich zwischen den Hütten und Zelten von Moria umherging. Im größten Flüchtlingslager Europas, auf der griechischen Insel Lesbos. Auch ich war nicht direkt verantwortlich für das menschliche Elend, das ich unmittelbar vor Augen hatte, doch als Europäer, als Mensch, der bislang stumm geblieben war, hatte ich zu der Verschwörung des Schweigens beigetragen, die diese Gräuel erst ermöglicht.

Als er von meinen Reiseplänen in die Ägäis erfuhr, hatte mein Freund Meletis Meletopoulos, der angesehenste griechische Soziologe, mir avisiert, was mich erwarten würde: »Bereite dich auf einen Schock vor.« Und Meletis sollte recht behalten. Wer nach Moria reist, setzt sich einem psychischen Schock aus. Das kleine Dorf in unmittelbarer Nähe der Inselhauptstadt Mytilini besteht aus alten, schönen Steinhäusern inmitten duftender Gärten, hinter denen Weinberge und Olivenhaine beginnen. Nach den letzten Häusern steigt die Asphaltstraße jäh an. Das Flüchtlingslager liegt auf den steilen Hängen eines steinigen Hügels. Man hat es innerhalb der Mauern einer ehemaligen Kaserne angelegt, die ursprünglich für 3.000 Soldaten gedacht war. Heute sind weit mehr als 20.000 Frauen, Männer und Kinder von diesen mit Glasscherben und Stacheldraht bewehrten Mauern eingeschlossen. Dabei bedecken die Zelte und Container, die das Hochkommissariat der Vereinten Nationen für Flüchtlinge geliefert hat, gut vier Hektar, das entspricht in etwa sechs Fußballfeldern. Jenseits der Mauern des offiziellen Lagers erstrecken sich dann weitere Lager, die inoffiziellen. Es sind regelrechte Slums, denen man poetische Namen verpasst hat: »Olivenhain I«, »Olivenhain II«, »Olivenhain III«. Vor dem riesigen Eisentor, das den Zugang zum Lager verwehrt, halten bewaffnete Polizisten in schwarzer Uniform den Besucher an. Er muss einen vom Migrationsminister in Athen ausgestellten Passierschein vorweisen, um eintreten zu dürfen. Doch um dieses kostbare Stück Papier zu bekommen, muss man eine wochenlange Korrespondenz mit Herrn Anastassopoulos führen, einem Abteilungsleiter im Migrationsministerium.

Im Lager dann ist die Enge der Lebensverhältnisse erschreckend. All jene, die keinen Platz in der Kaserne oder den Containern auf dem Exerzierplatz finden konnten, mussten sich selbst in den umliegenden Olivenhainen Hütten zurechtzimmern. Aus Ästen, die mit Plastikplanen bedeckt sind. In diesen Elendsquartieren hat man nicht einmal Bettgestelle. Die Flüchtlinge schlafen auf bloßer Erde, auf Pappkartons, die sie vor Feuchtigkeit schützen sollen. Während meiner Tätigkeit als Sonderberichterstatter der Vereinten Nationen für das Recht auf Nahrung besichtigte ich die Rocinha, die größte Favela von Rio de Janeiro, die Slums der Smokey Mountains von Manila und die stinkenden Shanty Towns von Dhaka in Bangladesch. Aber noch nie habe ich so schmutzige Behausungen, so verzweifelte Familien erlebt wie hier in den »Olivenhainen« von Lesbos, in der Europäischen Union. Tausende leiden infolge der apokalyptischen Bedingungen in Moria an Krätze, einer ansteckenden Hautkrankheit, die durch einen Parasiten, die Krätzmilbe, hervorgerufen wird und zu eitrigen Hautläsionen führt. Um die Hütten von Moria türmt sich der Abfall. Ratten und Schlangen nisten sich in den Müllbergen ein. Mangels Wasser können die Gefangenen von Moria ihre Schlafsäcke nur alle zwei Monate waschen. Container und Baracken sind von Läusen befallen. Da es nicht einmal ausreichend Trinkwasser gibt, grassieren Nierenerkrankungen. Das Essen, für das die Menschen jeden Tag stundenlang anstehen müssen, stinkt vielfach bestialisch, ist oft schlicht ungenießbar. Die deutsche Wochenzeitung ZEIT hat es in einem Artikel über Moria auf den Punkt gebracht: »Die Leute leben hier wie Tiere.« Mathilde Weibel vom Internationalen Komitee des Roten Kreuz erläutert treffend: »Moria heißt auf Spanisch ›Er starb‹. Und genau das tut man in Moria. Man stirbt auf kleiner Flamme. Langsam. Von innen. Zuerst wird man krank, immer, während der ersten Tage. Die Erschöpfung, das Essen, die mangelnde Hygiene. Dann der Verlust der Hoffnung. Bis man es eines Tages ergreift, das Messer, das zu sehen man sich weigerte.«

Zentraler Akteur dieser für Mathilde Weibel »Vorhölle einer apathischen Bürokratie« ist das European Asylum Support Office (EASO), das Europäische Unterstützungsbüro für Asylfragen. 2010 gegründet, mit Sitz in Malta, kommen seine Mitarbeiter aus allen EU-Staaten. Die EASO-Beamten sind nahezu allmächtig, führen sie doch die ersten Verhöre mit den Flüchtlingen und legen die Akten des Asylverfahrens an. Formal lässt das EASO die Souveränität des griechischen Staates unangetastet, es entscheidet nicht über das Asylgesuch – das tun griechische Behörden selbst, die allerdings durch das vorgeschaltete EASO fast nie Kontakt mit den Asylbewerbern haben. In Moria wie auch in den anderen Hotspots auf den Ägäis-Inseln Samos, Chios, Kos und Leros sind die griechischen Beamten des Migrationsministeriums, der Polizei, der Küstenwache und die Offiziere der Armee nicht mehr als Handlanger der EU. Sie alle dienen einer offenkundigen Strategie: der Abschreckung und dem Terror. Sie sollen einen solchen Schrecken verbreiten, dass die Verfolgten darauf verzichten, ihre Länder zu verlassen. Diese Informationen machen in der Welt der Flüchtlinge die Runde, so hoffen es die finsteren Bürokraten der EU. Es ist eine zutiefst unmoralische wie auch absurde und unwirksame Vorstellung: Ein Vater, der in Kabul gesehen hat, wie sein Kind von der Bombe eines Terroristen in Stücke gerissen wurde, wird mit seinen überlebenden Kindern die Flucht ergreifen, ganz gleich wie die Situation in Moria ist. Eine kurdische Mutter aus Kobanê, deren Haus von der türkischen Artillerie in Schutt und Asche gelegt wurde und deren Familie wie durch ein Wunder dem Blutbad entkommen ist, wird nur von einem einzigen Gedanken beseelt sein: mit den Ihren zu fliehen, egal, was man sich von den Hotspots in der Ägäis erzählt.

Sie alle, die es zunächst bis in den äußersten Westen der Türkei geschafft haben, erwartet in den Gewässern vor dem nahen Lesbos dann ein weiterer zentraler Akteur des Friedensnobelpreisträgers EU: FRONTEX, Akronym für die französische Bezeichnung *frontières extérieures*, Außengrenzen. Die sogenannte »Grenzschutzagentur« ist für die strenge Überwachung der EU-Grenzen verantwortlich, mit eigenen Schiffen und Agenten, in Zusammenarbeit mit der griechischen und türkischen Marine, griechischen Polizisten und Geheimdienstlern. Sie alle sind berüchtigt – vor allem für sogenannte »Pushbacks«, die vielfach in gewalttätige Aktionen ausarten. Die Flüchtlinge auf ihren wackligen und überladenen Schlauchbooten werden von den FRONTEX-Leuten mit Schusswaffen bedroht – weigern sie sich kehrtzumachen, schlagen die Polizisten mit Eisenstangen auf sie ein. Einige FRONTEX-Besatzungen haben besonders effiziente Pushback-Techniken entwickelt, wie die des britischen Kreuzers »Protector«. Sie schossen rund um das Flüchtlingsboot ins Wasser, wobei die Einschläge dem Ziel immer näher rückten. Während die Panik der Flüchtlinge unablässig stieg, erteilte der FRONTEX-Kommandant seine Befehle per Megafon. In der Regel erreichte er, dass die Schlauchboote der Flüchtlinge in türkische Hoheitsgewässer zurückkehrten. Vorwürfen entgegnet die Kommandantur der EU-Grenzschützer harsch: »Wir haben nicht die Aufgabe, Schiffbrüchige zu retten, sondern für die Sicherheit der Grenzen zu sorgen.« Hier gilt noch nicht einmal Jean-Jacques Rousseaus Erkenntnis, »dass die Menschen mit all ihrer Moral nie etwas anderes als Ungeheuer gewesen wären, wenn die Natur ihnen nicht das Mitleid zur Stütze der Vernunft gegeben hätte«. Die »humanitäre« Ideologie des »Search and Rescue« ist eine einzige Heuchelei der Brüsseler Betonköpfe. Ihr wichtigster Akteur bei der Jagd auf Schutzsuchende hat nichts – aber auch gar nichts – von einem »Retter«. Die FRONTEX-Schiffe sind rein militärisch ausgerüstete Boote. An Bord befinden sich weder Ärzte noch Krankenschwestern, noch Rettungsschwimmer, sondern nur Polizisten, aus den verschiedenen Mitgliedstaaten der EU rekrutiert. So stellt jeder »Pushback« eine eklatante Völkerrechtsverletzung dar, weil sie dem Asylbewerber das Recht nimmt, seinen Antrag zu stellen.

Doch das ist offenkundig das Ziel der EU, spätestens seit jener denkwürdigen Nacht vom 18. auf den 19. März 2016, als im riesigen Saal des EU-Sitzes mit seiner futuristischen Einrichtung und seinem fahlen Licht die deutsche Kanzlerin Angela Merkel die anderen Delegationen mit dem Entwurf eines neuen Abkommens kalt erwischte. Demnach sollte die Türkei sich verpflichten, seine Grenzkontrollen zu verstärken und ausnahmslos alle Asylbewerber wieder aufzunehmen, die aus Griechenland zurückgeschickt werden. Im Gegenzug würde Ankara bis 2018 sechs Milliarden Euro von der EU erhalten. Sie sagte zu, für jeden Asylsuchenden, der von Europa in die Türkei überstellt würde, einen syrischen Flüchtling aufzunehmen, der sich legal in der Türkei befand. Zudem sollten die Verhandlungen mit der Türkei über ihren EU-Beitritt nun wiederaufgenommen, außerdem die Visavergaben an türkische Staatsbürger erleichtert werden. In der internationalen Zivilgesellschaft erfuhr das sogenannte »EU-Türkei-Abkommen« umgehend ein vernichtendes Echo. Besonders groß war die Empörung in Frankreich, nicht zuletzt weil François Hollande, der Präsident der Republik, sich mit keinem Wort äußerte. Die Tageszeitung »Libération« resümierte: »Für die Achtundzwanzig ist das Asylrecht tot.« Und das, wo sich noch nie in der jüngeren Geschichte weltweit so viele Menschen gleichzeitig auf der Flucht befanden. Ihre Zahl wird für 2016 vom Hochkommissariat der Vereinten Nationen für Flüchtlinge auf mehr als 60 Millionen geschätzt, darunter ungefähr 25 Millionen, die vor Krieg, Folter und anderen unmenschlichen Handlungen fliehen. Das von mir eigentlich sehr geschätzte Hochkommissariat für Flüchtlinge der Vereinten Nationen müsste gegen die EU-Politik intervenieren, um der Konvention von 1951 über die Rechtsstellung der Flüchtlinge wieder Geltung zu verschaffen. Um die Gräuel der Hotspots in der Ägäis zu beenden, müsste Hochkommissar Filippo Grandi, der humanitäre Aktivist und linke Katholik, die tauben und blinden Beamten in Brüssel umgehend und mit aller Dringlichkeit zur Rede stellen. Doch das tut er nicht. Grandis Verweigerung ist unverzeihlich.

Zumal die Perspektive düster ist: Im Juli 2019 wurde die konservative deutsche Politikerin Ursula von der Leyen vom Europäischen Parlament zur Kommissionspräsidentin gewählt. Von der Leyen ist eine elegante Frau in den Sechzigern und spricht ein gepflegtes Französisch. Ihre Nominierung hatten die Staats- und Regierungschefs untereinander ausgehandelt – wobei ein Mann triumphierte: Viktor Orbán. Während der Wahlen noch war Manfred Weber der erklärte Kandidat der Konservativen für die Präsidentschaft der Kommission. Und dieser Weber vertrat die Ansicht, dass gegen Mitgliedstaaten, die den Flüchtlingsverteilungsplan ablehnen, Sanktionen verhängt werden müssten. Nach seiner Meinung müssen die regionalen Kohäsionsbeiträge für flüchtlingsfeindliche Staaten – im Wesentlichen also die osteuropäischen Staaten und im Besonderen Ungarn – gestrichen werden. Denn Orbán weigert sich, das Asylrecht anzuerkennen: Ein verfolgter Flüchtling, der die Grenze überquert, um jenseits der Stacheldrahtverhaue auf ungarischem Boden einen Asylantrag zu stellen, wird in der Regel von den Grenzsoldaten zusammengeschlagen. Anschließend wird man ihn wegen Betretens ungarischen Hoheitsgebietes vor Gericht stellen und aller Wahrscheinlichkeit nach zu einer verschärften Gefängnisstrafe von drei Jahren verurteilen. Und jener Orbán war nicht unerheblich daran beteiligt, dass bei der Wahl zur Kommissionspräsidentin die neue Kandidatin von der Leyen denkbar knapp siegte – erhielt die Deutsche doch die Stimmen einiger Dutzend der reaktionärsten, fremdenfeindlichsten und in der Flüchtlingsfrage unnachgiebigsten Abgeordneten, wie von Orbáns Gefolgsleuten oder den polnischen Nationalisten. Im Austausch gegen welche Versprechen geschah dies? Für die neue Präsidentin der Kommission ist die gewaltsame Zurückweisung und die implizite Verweigerung des universellen Rechts auf Asyl in einer expliziten Überzeugung verankert: Europa vor den Barbaren zu schützen. Es ist weiter das Schlimmste zu befürchten.

Doch wir, die Bürgerinnen und Bürger Europas, verfügen auch über Macht – die Macht der Schande. Albert Camus fragte: »Wer könnte jetzt noch antworten auf die entsetzliche Hartnäckigkeit des Verbrechens, wenn nicht die Hartnäckigkeit des Zeugnisses?« Es ist an uns, die öffentliche Meinung zu mobilisieren und den Kampf für die strikte Einhaltung des Grundrechts auf Asyl zu organisieren. Wir können die Machtverhältnisse verändern. Es gilt, der Strategie der Abschreckung, die die moralischen Grundlagen Europas zerstört, den Krieg zu erklären. Wir müssen die sofortige und endgültige Schließung von Moria und den anderen »Hotspots« durchsetzen. Denn sie sind die Schande Europas.

(Dieser Essay basiert auf Jean Zieglers Buch »Die Schande Europas«, erschienen 2020 im C. Bertelsmann Verlag.)

Für eine neue Menschlichkeit – Freizügigkeit für alle

Es ist der 5. Januar 2020, *der Beginn eines außergewöhnlichen Jahres, wie wir bald erleben werden. Es ist Sonntag. Für Leoluca Orlando, Oberbürgermeister von Palermo, kein Grund, nicht auch an so einem Tag zu arbeiten. Diesmal nicht im Rathaus, sondern in der repräsentativen Villa Niscemi im königlichen Parco della Favorita unterhalb des Monte Pellegrino. Mehrere Fernsehanstalten haben sich angesagt, um an ein Ereignis zu erinnern, das sich am nächsten Tag, dem 6. Januar, zum 40. Mal jähren wird: die von Politikern und Mafia in Auftrag gegebene Ermordung des damaligen sizilianischen Ministerpräsidenten Piersanti Mattarella. Sein Bruder Sergio fungiert seit 2015 als 12. Präsident der Republik Italien. Orlando war einer der engsten Vertrauten des sizilianischen Politikers. Ich selbst wohnte damals nur zwei Häuser von der Stelle entfernt, an der Piersanti Mattarella vor seinem Haus in der Viale della Libertà 153 erschossen wurde. Die Schüsse hallen mir noch im Ohr, als sei es gestern gewesen. Auch deshalb trafen wir uns für die Abfassung des Essays zu diesem Buch in der Villa Niscemi, um uns nach den Fernsehinterviews füreinander Zeit zu nehmen, im Gespräch und gemeinsamen Hoffen nach vorne. Leoluca sagte: »Ich bin es müde, immer von der Vergangenheit sprechen zu müssen. Ich möchte in die Zukunft blicken!«*

Dem Alten Testament ist zu entnehmen, dass ein Mann erst dann zum Mann wird, wenn sein Leben 40 Jahre zählt.

Deshalb baute Noah, als er mit schon mehreren Hundert Jahren längst ein Mann war, wahrscheinlich 40 Jahre an der Arche, um damit nur wenige auserwählte Menschen und Tierrassen vor Gottes angekündigtem Weltuntergang durch die Sintflut zu retten. Es strömte 40 Tage lang vom Himmel herab. Moses, gerade 40 geworden, wanderte mit seinem Volk 40 Jahre lang durch die Wüste, um dann heimisch zu werden. Während Jesus Christus die Wüste 40 Tage lang als abgeschiedenen Ort nutzte, um sich zwischen Versuchung und Verpflichtung zu entscheiden und dann sein schweres Los als Gottes Sohn anzutreten. Beispiele dieser Zahlenlehre, bis hin zu Ali Baba und den 40 Räubern, gibt es viele. Diese »40« ist und bleibt eine magische Zahl in allen Religionen und Kulturkreisen. Belassen wir es bei der Magie einer Zahl, die sich wie ein Quadrat anfühlt und doch etwas von einem Kreis hat. Wir, Orlando und ich, wollen diesen Kreis noch einmal abschreiten. Dabei geht es uns um eine »Zeit-Gewinnung«, um Geduld und nicht etwa um die mit der »Gewinnung« meist im Kontext stehende Ungeduld. Es geht uns darum, die Möglichkeiten für ein grundsätzlich grenzenloses und friedliches Miteinander, das an allen Ecken und Enden so zerbrechlich erscheint wie nie, intellektuell im gemeinsamen Gespräch auszuloten. Friedlich und miteinander – unmöglich? Nein, Hoffnung muss zwingend sein! Hoffnung ist mehr als nur ein Trost auf ein Paradies im außerirdischen Jenseits. Deshalb sind wir verpflichtet, immer wieder ein kleines Schlupfloch in den von gnadenlosen Herrschern, Politikern, Ökonomen und Lobbyisten errichteten Schutzwällen zu finden. »Ein Populist hat keine Zeit, keine Geduld, ein Populist gibt vor, von heute auf morgen alles ändern zu können«, sagt Leoluca Orlando und meint damit nicht allein Donald Trump oder Matteo Salvini. Es scheint, dass die ersten 40 Jahre eines Lebens dafür bestimmt sind, anecken zu dürfen, ja zu müssen, um dann mit entschiedener Kraft etwas ins Rollen zu bringen. Bob Dylan formulierte 1965 in seinem Song: »Like a rolling stone – how does it feel!?« Wir wählen diesen weithin bekannten lyrischen Text, um ihn in Kontext zu den zahllos auf unserer Erde schuldlos und wie Kiesel hin- und hergeworfenen Flüchtenden, Vertriebenen, Heimat- und Mittellosen zu setzen. Bob Dylan trifft damit heute noch den Nagel auf den Kopf.

Leoluca und ich kennen uns seit vierzig Jahren. Wir wurden Freunde, in vielem auch stille Partner. Als er 1985 – damals noch ein junger Christdemokrat – zum Stadtoberhaupt von Palermo berufen wurde, war er noch keine 40, träumte von einer Karriere als Jurist und wollte Entscheidendes als Italiener – nein, als Sizilianer – in die Welt und ihre Rechtsprechung bringen. Es ist richtig, wenn man sagt: »Wer nicht träumt, hat schon verloren.« Doch hat Orlandos Welt ihre Wurzeln in Palermo, wo man Karriere als Politiker ebenso wie als Mafioso in den 70er- und 80er-Jahren des letzten Jahrhunderts nur machen konnte, wenn man anderen bedingungslos gehorchte. Orlando, der »Jurist«, bastelte an intelligenten Gegenbewegungen und zeigte, dass es möglich ist, selbst in einer Stadt, die seit Jahrzehnten von Gewalt, Anarchie und Korruption geprägt war, überleben zu können. Kaum war er 40, trennte er sich von der von Giulio Andreotti geführten christdemokratischen Partei und wurde vom Träumer zum Visionär. Seine von ihm ins Leben gerufene nationale Bewegung »La Rete« verhalf Hunderttausenden in Italien zu neuem Bewusstsein und thematisierte neben der Mafia auch die politischen Verstrickungen. Ein Land klagte an, forderte Aufklärung. Leoluca Orlando war zu einem Hoffnungsträger für viele geworden, die bereits gedacht hatten, es gäbe keine politischen Lösungen mehr im Sinne der Menschlichkeit. Durch seinen couragierten Kampf gegen Mafia und Korruption, gegen Ungerechtigkeit und für die Achtung der Menschenrechte wurde er weltbekannt.

Heute träumt Leoluca Orlando nach 40-jähriger Erfahrung als regionaler, nationaler und Europapolitiker nicht mehr. Auch hält er nicht mehr an sogenannten Utopien fest. Er ist noch konkreter, zielsicherer geworden – und handelt nun nach dem Logos der Vernunft. »Eine neue Welt, eine neue Menschlichkeit« lautete an diesem Januartag das ihm *gestellte Thema. An den 2018 mit dem Heinrich-Heine-Preis Geehrten braucht man direkte Fragen nicht zu stellen. Leoluca Orlando genügen ein Grundthema und ein Stichwort – und dann redet und argumentiert er, seinem Naturell entsprechend und seinem Namen alle Ehre machend. Der Löwe-Luca – Leoluca – spricht.*

Raum und Zeit und wahre Werte – oder: Freizügigkeit für alle überall

Die gesamte Menschheitsgeschichte basiert auf zwei Elementen, die da sind Raum und Zeit. Der Schlüssel, um diese beiden Elemente miteinander zu verbinden, heißt Mobilität, also Bewegung. Fortschritt und Zivilisation waren immer von der Bewegungsfähigkeit einzelner Völker und Stämme geprägt. Was beweist, dass das höchste Gut, das der Mensch erfand, das Rad war. Dann kam Gutenberg. Durch den Buchdruck konnten Worte, Sätze, literarische und wissenschaftliche Erkenntnisse grenzenlos auf Reisen gehen, um andernorts Wirkung wie in einem Dialog zu erzielen. Später erfand man das Fahrrad, die Eisenbahn, das Auto, das Flugzeug und schließlich das Internet. Nun leben wir in einer Welt, die uns mehr denn je freie Bewegung vorgaukelt. Diese Welt lebt durch das Internet. Das ist aber nur ein virtuelles »Spiel«, das Gefahren birgt, denn wir verlieren mehr und mehr das natürliche Empfinden für unsere beiden elementaren Bezugspunkte – Raum und Zeit. Zugleich geben wir vor, dank der Globalisierung und der vielfältigen Kommunikationsmöglichkeiten einen neuen Humanismus zu kreieren. Wir nennen ihn neu, weil wir ihn in dieser Form bis vor kurzem weder kannten noch vorfanden. So stehen wir nun hoffnungsfroh vor diesem angeblich neuen Humanismus, der aber immer noch die gleichen Bezugspunkte wie ehedem benötigt, um zu erkennen, wer oder was der Mensch ist.

Unsere Zukunft trägt die Namen Google und Facebook oder Alibaba oder welchen Namen auch immer. Diese

Namen stehen für die persönlichen Bewegungen, um nach eigenem Bedürfnis jede Staatsgrenze frei und doch nur virtuell überwinden zu können. Google & Co. proklamieren, dass jeder Einzelne das Recht auf freie Bewegung hat. Das ist aber nur eine Vorspiegelung. Ernst zu nehmen wäre es erst, wenn sich die virtuelle Bewegungsfreiheit mit der tatsächlichen verbinden könnte. Erst dann wäre es angebracht, von einem neuen Humanismus zu sprechen. So lange aber zum Beispiel Google von Alibaba finanziert wird und Alibaba von Facebook kontrolliert ist, kann das Ergebnis aller Hoffnung nur tragisch sein. Denn solch ein Kontrollsystem birgt weder Menschlichkeit noch Zukunft. Monopolisierungen wie diese können keine Erneuerung bringen und schaffen nur Abhängigkeiten. Wer also seine Reisen heute überwiegend mit Google macht und glaubt, er bewege sich in einer frei zugänglichen und übersichtlichen Welt, ist entweder kurzsichtig oder einfach nur dumm. Wer beabsichtigt, eine neue Welt, einen neuen Humanismus entstehen zu lassen, sollte sich stets der Erfindung des Rads bewusst sein. Bewegung ist Gegenwart mit Zukunft. Von klein auf wurde jedem von uns, die wir einer Nation angehören, eingetrichtert, dass jeder Staat einen geschlossenen Raum darstellt. Die einen verteidigen diesen Raum mit Waffen, manch anderen mag es vielleicht glücken, sich mit Blumen zu schützen. Ob so oder so, ein Staat bleibt ein in sich geschlossener Raum.

Wenn ich heute eine/n Zwanzigjährige/n in Italien frage: »Was bedeutet der Staat?«, dann wissen die meisten nicht, wovon ich rede. Ihnen erscheint die gesamte Welt doch irgendwie ähnlich, kaum anders als der Ort, an dem sie leben. Das ist Globalisierung, gespeist durch das World Wide Web. Was aber den wirklichen, den großen Unterschied in der Welt ausmacht, scheint ihnen ein Mysterium zu sein. Mag sein, dass sie noch vorgeben, der Staat sei der Feind ihres persönlichen Glücksempfindens. Und wenn die jungen Menschen dann auch noch einigermaßen gebildet sind und gewissenhaft – und damit meine ich verantwortungsvoll – erzogen wurden, werden sie zugeben, dass ihnen der Staat als ein notwendiges Übel erscheint. Dabei waren die Konstellationen einmal ganz andere. 70 Jahre ist es jetzt her, da hatten drei – heute könnte man meinen offenbar geistesgestörte – Politiker und Revolutionäre ihrer Zeit ihren Visionen Stimme verliehen und gesagt, man müsse Grenzen niederreißen. Diese drei waren Robert Schuman, Konrad Adenauer und Alcide De Gasperi. Unmittelbar nach dem Zweiten Weltkrieg hatten sie als erste Politiker begriffen, dass jede Nation erst dann wirklich wachsen kann, wenn sie sich nach allen Seiten hin öffnet. Diesen drei Visionären haben wir die Europäische Union zu verdanken.

Und was ist Identität? Die eigene wohlgemerkt. Wir wurden dahingehend erzogen, zu glauben, unsere Identität sei durch das Blut unserer Eltern vorbestimmt. Also heißt das, dass ich Sizilianer bin, weil mein Vater und meine Mutter schon Sizilianer waren und deshalb mein Blut zweifellos echt sizilianisches Blut ist. Heute Abend noch komme ich mit einer Gruppe Mediziner zusammen. Ich werde den Hämatologen bitten, mir den Unterschied des Blutes zwischen mir und dem Blut eines Pakistaners oder dem eines Deutschen oder auch dem eines Bolivianers wissenschaftlich zu erläutern. Es kann doch nicht sein, dass ich Sizilianer bin, nur weil meine Eltern schon Sizilianer waren. Warum sollte der pakistanische Flüchtling, der mit seinen Eltern im Kindesalter nach Europa gekommen ist, mit den Jahren nicht seine eigene Identität finden dürfen?! Warum kann und darf Google all das, was mir aber grundsätzlich vorenthalten ist? Heutzutage muss uns doch allen bewusst sein, dass erst durch Völkerwanderungen und die Bewegungen einzelner Stämme das Leben auf diesem Planeten seine kulturellen Bedeutungen und wahren Werte erhalten hat. Und wer sich dann immer noch die Frage stellt, was für Blut durch die Adern seines Gegenübers fließt, der sollte bitte daran denken, wie viele Genozide im Namen des

Blutes verbrochen wurden. Und nicht zu vergessen, wie viel Blut allein die Mafia bisher vergossen hat, weil auch hier jedem Einzelnen in dieser ideologisch kranken Gruppierung das Heil durch Blut und Ehre gepredigt wurde, so als besäßen Gewalt und Rachegelüste den Wert eines Gelöbnisses vor Gott.

Passend hierzu: Patria! Was ist das, was bedeutet eigentlich Vaterland? Uns wurde erklärt, Patria sei der Ort, aus dem Vater und Mutter kommen und für den schon die Ahnen ihr Blut geopfert haben. Für mich persönlich ist es in erster Linie der Ort, in dem ich geboren wurde. De facto: Ich wurde in Italien geboren und folglich ist mein Vaterland Italien. Aber was für eine Nötigung ist denn das?! Mutter und Vater setzten mich irgendwo auf diese Welt, ohne mich vorher gefragt zu haben, ob mir das Auf-die-Erde-gesetzt-Werden, hier oder dort, überhaupt recht sei. Ging natürlich nicht anders, klar. Aber heute und mit wachsendem Bewusstsein müsste das doch irgendwie zu korrigieren sein. Warum sollte ich mir mein Land nicht selbst auswählen dürfen? Ein Land, das meiner Erfahrung gemäß auch meiner Identität entspricht. Wenn das Alice, ein italienischer Internetbrowser, darf und munter jede Grenze überspringt und dabei die Identitäten wechselt, wie es Alice opportun und dem Geschäftssinn der Gesellschafter dienlich erscheint – warum bleibt es mir als Einzelperson dann verwehrt? Drehen wir die Argumentation um: Wir respektieren die Menschenrechte selten, sobald wir es mit Migranten zu tun bekommen. Wir nehmen ihre oft verzweifelte Lebenslage ebenso wenig wahr wie ihre Botschaften, selbst wenn sie für uns von großem Gewinn sein könnten. Aber die Freiheit wird immer wieder meist nur denjenigen gewährt, die sie schon weitgehend haben. Wenn ich mir allein den Text unserer italienischen Hymne vergegenwärtige, wird mir ganz schummrig vor Augen: »Lasst uns die Reihen schließen, wir sind bereit zum Tod, Italien hat gerufen! ... Geeint durch Gott, wer kann uns besiegen?« Die Hacken stramm zusammengeschlagen, die Hand zum Herzen geführt und dann mit Kampfesblick gegen den Rest der Welt. Hilfe!

Wie lange braucht es eigentlich noch, bis wir begreifen, dass jeglicher Humanismus sich erst dann erneuern kann, wenn wir die Freiheit besitzen, die Menschenrechte jedem Einzelnen – wo immer er/sie/es auch hergekommen sein mag – in gleichem Maße zukommen lassen wie uns selber auch, wenn wir uns in einer ähnlich misslichen Situation befinden sollten. Zugegeben, es erfüllt mich mit Stolz, Bürgermeister einer Stadt zu sein, deren Bürger mir nicht verübeln, wenn ich bekenne, dass ich an Gott glaube. Auch wenn ich dem stets hinzufüge: »Aber bitte fragt mich nicht, wie ER heißt! Ich weiß es nicht.« In einer Moschee bete ich zu Allah, in der Synagoge zu Jahve und im Gotteshaus der Christen sehe ich mich im Gebet mit Jesus Christus. Wenn wir wirklich beabsichtigen, nach einer neuen Menschlichkeit zu suchen, und uns nach einem neuen Humanismus ausrichten, müssen wir akzeptieren, dass die Unterschiedlichkeit selbsterwählter Namen nicht diesen einzigen Gott aller im besitzergreifenden Sinn zulässt. Die unermessliche Güte der allmächtigen Schöpfung sieht vor, dass der Mensch nicht Teil der Masse ist, sondern sich zu einem Individuum entwickelt und nicht ideologisch verbogen und sich selbst kasteiend hinter Gruppierungen versteckt, anstatt aus freien Stücken offenherzig mitten in die Gesellschaft zu treten. Ich selbst bin zwar Katholik, aber eben ein vehement kritischer und mit starken Vorwürfen gegen die Institution Vatikan. Denn ich stelle mir die Frage: Rein konzeptionell, was bitte ist der Unterschied zwischen dem Machtapparat des Vatikans und dem des sogenannten Islamischen Staates? Als Katholik nehme ich mir das Recht, diese Frage aufzuwerfen.

Und das tue ich auch, weil ich glaube, dass es mir gelungen ist, meine Stadt Palermo im Sinne aller Bürger mit dem Hauch einer neuen Menschlichkeit zu bereichern. Veränderungen werden meist von außen an uns herangetragen – auf der Straße durch einen Touristen oder eben auch vermehrt durch Migranten. Und warum? Weil jemand, der sich zu uns hinbewegt hat und als Reisender angekommen ist, sich viel offener und vor allem neugieriger bewegt als wir, die wir zu Hause oft wie im Dunkeln tapsen. Ohne Bewegung gibt es keine Erneuerung. Nicht nur physischer Art, vielmehr wird eine Fort- oder auch Hin-Bewegung mental ausgeführt und lässt uns erkennen, dass wir in unserem kleinen Europa uns nicht einmal ansatzweise irgendeiner anderen Nation überlegen zu fühlen haben. Es gibt keine Überlegenheit!

Wir sollten uns eher an der Schweiz ein Beispiel nehmen. Die Schweiz ist eine Nation, die es geschafft hat, dank ihrer Minderheiten zu Einheit und Stärke zu finden. Die Minderheiten in der Schweiz werden aber von niemandem in der Schweiz als Minderheit wahrgenommen. Weder die Italienisch sprechenden noch die Rätoromanisch, noch die Französisch oder Deutsch sprechenden Teile der Bevölkerung sind eine Minderheit, sondern sie sind Teile des Ganzen, einer sogenannten Eidgenossenschaft. Die Schweiz ist ein europäisches Musterbeispiel. Zumal wir es in unseren Ländern immer noch weitgehend gewohnt sind, von der Mehrheit mit Hochachtung und von der Minderheit teilweise mit gewisser Abschätzigkeit zu sprechen. Und ich denke an dieses kleine Land Schweiz auch, weil es nach wie vor großzügig Flüchtlinge aufnimmt, aber tatsächlich nicht alle aufnehmen kann. Ebenso wenig kann das Palermo noch Sizilien, noch ganz Italien – selbst wenn wir es alle wollten. Aber 500 Millionen Europäern, in 27 verschiedenen Staaten lebend, will es nicht gelingen ein, zwei oder drei Millionen Flüchtlinge aufzunehmen? Also bitte ...

Wir sprechen von humanitären Handlungen und vergessen dabei, dass Humanismus nicht mit Populismus verwechselt werden darf. Die Bildung eines neuen Humanismus setzt Zeit und Geduld voraus. Diese Eigenschaften sind einem Populisten nicht eigen. Er verspricht den Himmel auf Erden und das von heute auf morgen. Aber Lügen haben kurze Beine, wie man sagt. Mir steht es zu, heute zu behaupten: »Palermo ist die Stadt in Europa, die sich in den letzten 40 Jahren so sehr verändert hat wie keine andere.« Palermo war vor 40 Jahren die Hauptstadt der Mafia. Die Mafia gibt es noch. Nicht nur in New York, in Paris oder Frankfurt, sondern auch noch in Palermo. Aber die Mafia regiert nicht mehr die Stadt. Auch Berlin hat sich stark verändert. Moskau ebenso. Doch in beiden Fällen waren dem gesellschaftliche Umwälzungen auf nationaler Ebene vorausgegangen. In Palermo fand der Umsturz von innen heraus statt. Am 6. Januar 1980, also genau vor 40 Jahren, kniete ich vor dem Leichnam meines im Kugelhagel verstorbenen Freundes Piersanti Mattarella, den Parteigenossen unserer gemeinsamen politischen Ausrichtung hatten ermorden lassen. Unvergessen bleiben mir seine Worte, mit denen wir uns noch kurz vor seinem Tot einander Mut zusprachen. Sie lauteten: »Wir werden den Kampf gegen die Mafia gewinnen!« Wir behaupteten nicht, dass uns das in 40 Tagen gelingen würde. Vielmehr hat der Kampf 40 Jahre gedauert – vierzig! Die Zeit ist ein Garant für Erneuerung. Durch die Verbindung von Raum und Zeit und dem damit im Zusammenhang stehenden Menschenrecht weltweiter Bewegungsfreiheit könnte es gelingen, den vielen von uns willkommenen neuen Humanismus Wirklichkeit werden zu lassen.

Wenn ich heute gefragt werde: »Aber alles in allem, Herr Bürgermeister, wie lautet denn ihr persönliches ›I have a dream?‹« Oder auch: »Wie sollte ihre romantische Insel aussehen?« Dann kann ich nur antworten: »Ich fühle mich als Mensch, der in Gemeinschaft leben darf.« In der Gemeinschaft schaffen wir alles. Wir stützen einander. Ich will ein Beispiel der Öffnung und Änderung nennen: Ich war der erste Bürgermeister, der in Italien ein homosexuelles Paar traute. Und das, wie schon gesagt, als praktizierender Katholik. Der Kardinal und Erzbischof von Palermo kam deshalb zu mir und stellte mit auffallend zurückgenommener, aber doch auch eindringlicher Stimme die Frage: »Herr Bürgermeister, Sie können machen, was Sie wollen.

Aber mussten Sie just am Festtag unserer Stadtpatronin, der Heiligen Rosalia, als Stadtoberhaupt die erste homosexuelle Eheschließung Italiens zelebrieren?« Ich schwieg, ich habe ihm nicht geantwortet. Ich hätte vielleicht sagen können: »Exzellenz, Sie haben recht, auch die Moschee betritt man nicht mit Schuhen.« Oder ich hätte antworten können: »Ich wusste gar nicht, dass es sich um ein homosexuelles Paar handelt. Ich fand den Eheschließungstermin von meinem Sekretariat vorgemerkt.« Und außerdem hätte ich dem Brautpaar ja auch sagen können: »Heute geht es wirklich nicht, wir feiern doch die Schutzpatronin!« Aber ich habe den Herrn Kardinal nur schweigend angesehen und mir dabei gedacht: »Wie groß Gott doch ist, dass er ihm die richtige Antwort irgendwann zur rechten Zeit selbst zukommen lassen wird.« Denn der Schlüssel allen Erfolges, auch des neuen Humanismus, liegt im Geheimnis der Zeit. Zeit und nochmals Zeit. Deshalb liegt es ganz und gar an uns selbst, sich nicht nur einzelner Menschen zu erinnern, sondern selbst neue Erinnerungen zu prägen. Es hat wenig Sinn, sich nur Namen und Episoden zu merken. Es ist oft ein nur gefühlloses Abrufen von Zahlen und Daten aus dem Internet oder ein Gedankenkonstrukt wie der Bau von Eselsbrücken, um mit Zitaten, Daten und Namensnennungen als vermeintlich gebildete Person auf bestmögliche Wirkung aus zu sein. Wenn dich ein Bild nicht berührt hat, wirst du es nicht in die Zukunft mitnehmen können. Das Bild oder Ereignis perlt von dir ab wie der Regen auf einem imprägnierten Mantel. Eine wirklich zu Herzen gehende Erinnerung aber wird in dich eindringen wie der Regen, der deine Kleidung bis auf die Haut durchnässt hat und dich zittern lässt.

Wenn es uns gelingen soll, Raum und Zeit miteinander zu verbinden, dann geht das nicht ohne eine grundsätzliche Bewegungsfreiheit für und unter allen Völkern und für jeden Einzelnen: Dann kann der alte Humanismus abgelegt werden – um sich nach dem Gesetz der Menschlichkeit neu auszurichten.

Von der Destruktivität der Nation – Grenzen sind auch dazu da, sie niederzureißen

Humanität ist nichts Abstraktes. Sie wird gerade dann sinnfällig und konkret, wenn sie entschwindet. Wie im Drama um die weltweiten Flüchtlingsbewegungen. Wir sind im Grunde alle Teil dieses Flüchtlingskosmos, waren wir doch früher selbst Flüchtling oder haben wir Menschen zu Flüchtlingen gemacht. Flüchtling-Sein ist eine anthropologische Grundkonstante. Es ist bewiesen, dass es keine einzige entwickelte Gesellschaft gibt, die sich nie bewegen musste oder die nicht als Resultat eines Fortziehens und Ankommens entstanden wäre. Zum vielleicht wichtigsten Charakteristikum unserer Entwicklung als Individuum und Gesellschaft gehört die Fähigkeit, sich an neue Umgebungen anzupassen und dabei all die Schwierigkeiten zu bewältigen, die der Menschheit seit jeher begegnet sind. Es ist tatsächlich auch nicht immer nur Flucht, sondern Bewegung. Wobei beides oft ineinander übergeht.

Laut UN befinden sich derzeit – Ende des Jahres 2019 – 79,5 Millionen Menschen auf der Flucht, die größte Zahl aller Zeiten. Dahinter stehen konkrete Schicksale. Menschen, die ihr altes Leben aufgeben, in Boote steigen, übers Meer fahren und beschwerlichste Fußmärsche auf sich nehmen, durch Steppen und Wüsten, über Berge. Sie alle haben Freunde und Familienangehörige sterben sehen, überbordende Verzweiflung und Leid erlebt. Einer der vielen Orte auf dieser Welt, an dem sie stranden, ist

Lesbos. Ich war dort für Dreharbeiten zu meinen Film »Human Flow«. Für mich war es ein schockierendes Bild. Zu sehen, wie an den Gestaden dieses idyllischen Eilands völlig erschöpfte Menschen aus winzigen Booten taumeln und versuchen, ans Ufer zu gelangen. Wer seine Heimat auf der Flucht vor Krieg, Zerstörung und Massenmord auf diesen Booten verlässt, möchte zuerst einmal nur dies – überleben. Und dann durchatmen in relativer Sicherheit. Vielleicht aber ist diesem existenziellen Bedürfnis auch eine Illusion beigemischt: Europa als Kontinent des Überflusses, der Freiheit und der Demokratie wird ihnen die Möglichkeit geben, zu bleiben und sich hier ein neues Leben aufzubauen. Die Realität ist eine andere. Noch heute sind in Lesbos die Lager hoffnungslos überfüllt. Europa versucht, die Flüchtlinge zu bestrafen und sich ihrer zu entledigen. Sie alle hatten gehofft, dem Krieg zu entkommen und in Europa Frieden zu finden. Stattdessen kommt es zu Abschiebungen.

Dabei gilt: Menschenrechte sind nicht teilbar. Was Flüchtlinge über alle Zeiten und Räume hinweg verbindet, ist die Suche nach eben jenen grundlegenden Rechten. In der realistischen Anerkenntnis, dass jeder Mensch mit den gleichen Rechten erschaffen worden ist, liegt deshalb eine unermessliche, doch äußerst konkrete Chance auf eine innergesellschaftliche Befriedung. Etwas schlichter ließe es sich sogar als Win-win-Situation beschreiben. Aber was tun, um so etwas Positives zu erreichen? Vielleicht müssten wir uns zuerst einmal von bestimmten Kategorisierungen verabschieden, die unser Denken und Handeln auf beklagenswerte Weise beeinflussen. Denn allzu gern teilen wir die Flüchtlinge ein in jene, die vor Kriegen und Verfolgung fliehen, und in solche, die angeblich »nur« aus ökonomischen Erwägungen ihre Heimat verlassen. Diese bequeme Unterscheidung hat etwas zutiefst Willkürliches. In wie vielen Fällen geschieht die vermeintliche »Wirtschaftsmigration« aus politischer Bedrängnis. Was folglich tun diese Menschen? Sie versuchen ihr Leben zu schützen, eine bessere Zukunft für ihre Kinder zu finden. Ich frage: Müsste erst eine Bombe auf dein Haus fallen, damit du zum »richtigen« Flüchtling werden darfst? So etwas sollte keiner von uns akzeptieren. Krieg ist lediglich die letzte und radikalste Phase sozialer Ungerechtigkeit, doch auch ihre mannigfaltigen Vorformen können bereits tödlich sein. Gerade davor dürfen wir unsere Augen nicht verschließen. Dies umso mehr, da bis zum heutigen Tage mit der oben erwähnten, durch und durch künstlichen Unterscheidung Politik gemacht wird – als infame Taktik, um sich aus der Verantwortung zu stehlen. Für manche Politiker sind die Schutz suchenden Flüchtlinge eingeordnet zwischen Terroristen, Obdachlosen und Bettlern. Damit hoffen sie, Wählerstimmen zu gewinnen, verängstigen und unterminieren die Gesellschaft. Dabei liegt in der Beweglichkeit erst die Eröffnung neuer Wahlmöglichkeiten, sie ist Teil der Menschheitskultur, im Guten wie im Bösen. An uns liegt es dann, was wir daraus machen, welchen Rahmen wir ihr geben.

Darüber hinaus vergessen wir allzu schnell, dass die Nationen ein relativ neues Konzept sind. Sie entstanden im Lauf der Menschheitsgeschichte erst sehr spät, und ich sehe sie als etwas Vorläufiges, Provisorisches. Auch hier wird die Entwicklung weitergehen – umso mehr, als sich längst gezeigt hat, dass Nationen nicht unbedingt immer etwas Freiheitliches sind, sondern sehr oft auch destruktiv und ihre Bewohner strangulieren. Und es sind nicht allein nur Diktaturen, die sich auf diese Weise verhalten. Sogar ein im Inneren mehr oder minder demokratisch strukturierter Staat ist nicht dagegen gefeit, in großem Ausmaß Unrecht zu begehen. Dieses entsteht aus den Vorteilen, die er sich selbst verschafft – auch gegenüber undemokratischen, wirtschaftlich weniger effizienten Staaten. Diese rüde Vorgehensweise entspringt gewiss keinem politischen Ideal, eher schon dem Bedürfnis des Menschen nach Beute. Mag im Inneren auch eine gewisse Ordnung herrschen, die dem Barbarischen im Menschen eine Grenze setzt, so wird dieses dann quasi »ausgelagert« – zulasten unzähliger Menschen in anderen Ländern. Und von diesen auswärts Leidtragenden strömen nun viele hierher, in den Westen. Ich will nicht behaupten, dass die westlichen Staaten an jeder Malaise Schuld tragen, die sich anderswo zuträgt – Verantwortung für die globalen Verhältnisse besteht allerdings nicht unerheblich auch hier.

Die Folge ist Abschottung. An derlei Versuchen, sich einzuigeln, hat es in der Geschichte ebenso wenig gemangelt wie am Todesmut, aber auch der Gewitztheit der Menschen, einer für sie schlimmen Umgebung zu entkommen. Grenzen wurden errichtet, Gräben, Wälle und Mauern – die Manifestationen brutaler Gewalt, eine Art Verlängerung des Krieges. Grenzen sind die steingewordene Weigerung, miteinander zu sprechen und die andere Seite zu verstehen. Deshalb untermauern Grenzen oft nur schiere Ignoranz und zeugen vom Unvermögen, wahrzunehmen, was jenseits von ihnen tatsächlich vor sich geht. China zum Beispiel besitzt die größte und längste Mauer aller Zeiten, die im Laufe der Zeit keine Fremdinvasion verhindern konnte. Heute ist sie nur noch eine weltberühmte Attraktion für Touristen, die eine ganze Heerschar von Fremdenführern und Andenkenverkäufern mit ernährt. Längst anachronistisch geworden ist die ursprüngliche Absicht, Leute auszusperren. Gern wiederhole ich es: Diesen Zweck hat die Mauer nicht erfüllt, es hat ganz schlicht und einfach nie funktioniert. Es ist daher einfach lächerlich, zu glauben, dass man das menschliche Tun in all seiner Ambivalenz einkästeln kann, indem man physische Hindernisse errichtet. Es ist eines unserer fundamentalsten Missverständnisse über den Charakter der menschlichen Natur, eine bequeme Ausflucht. Inzwischen sind es die Vereinigten Staaten, die in diese selbst gestellte Falle tappen und auf dem Weg sind, von einem Magnet für Flüchtlinge zu einer Festung zu werden. Doch das wird nicht von Dauer sein. Ein Volk kann nur gemäß seiner eigenen Natur bestehen, und wir wissen erfreulicherweise: Migration und USA – das ist nicht allein eine seit jeher symbiotische Beziehung, sondern quasi ein und dasselbe. Und da jede Handlung eines Individuums oder einer Gesellschaft, die der eigenen Natur zuwiderläuft, zum Scheitern verurteilt ist, wird auch dieses jüngste Kapitel in der Geschichte des Mauerbaus in Desillusionierung enden. Welch vergeudete Energie, die einer besseren und erfolgversprechenderen Sache würdig wäre!

Die sogenannten Fremden pauschal als Belastung oder gar Gefahr zu sehen paralysiert nur uns selbst. Gerade weil wir sehen, dass Tatsachen verfälscht werden und sogar inmitten demokratischer Gesellschaften dreiste Lügen aufgestellt werden, müssen wir weiterhin auf Genauigkeit insistieren. Und versuchen, mit gutem Beispiel voranzugehen – jeder auf seine eigene Weise. Die eigene Weltsicht darf nicht erstarren. Denn Tatsache ist nun einmal, dass die Welt von Individuen geschaffen wird. Es geht keineswegs um folgenloses Mitleid, sondern um konkrete Verantwortlichkeit. Darum, einen Vorstellungs-raum zu eröffnen – jenseits der alten Gleise von Ideologie und Ressentiment.

Dazu muss auch die Kunst ihren Beitrag leisten. Wenn ein Künstler kein Aktivist ist, ist er ein schlechter Künstler. Kunst muss Werte bestimmen und Bedeutung herstellen. Kunst war immer aktivistisch, wenn es darum ging, das Bewusstsein und das moralische Urteil zu hinterfragen. Kunst kann die Welt verändern! Wenn wir uns gestatten, weiterhin zu träumen und Fantasie zu haben, ist alles möglich. Kunst ist extrem wichtig, weil sie sowohl Indi-viduen erreicht, die von der Politik profitieren, als auch jene, die dabei Schaden nehmen. Jede Politik schadet oder nützt am Ende einzelnen Menschen, nicht allein abstrakten demografischen Größen. Wenn wir daran glauben, dass in jeder menschlichen Seele ein Platz für Aufrichtigkeit, Freundlichkeit und Mitgefühl ist, dann kann die Kunst dieses Wertvollste des Lebens aufzeigen – unsere zerbrechliche Menschlichkeit. Und so geht es zuerst darum, den Menschen, die in diesen Lagern und Zelten leben und die oft noch nicht einmal eine Tasse heißen Tee bekommen können, eine Stimme zu geben. Das will ich tun.

Auch weil der Weg der Flüchtlinge eine Antriebskraft der Zivilisation sein kann. Wenn wir das zulassen, befruchtet er unseren Geist, unser Wissen, die Literatur, die bildenden Künste und die Musik. Unser Leben wird durch den »Human Flow« bunter, er versetzt die Gesellschaft in Schwingung und macht sie insgesamt viel interessanter. Wird doch derjenige, der zuvor das existenzielle Wagnis der Flucht auf sich genommen hat, höchstwahrscheinlich danach ein dynamischer Teil einer jeden Gesellschaft sein – sofern diese bereit ist, sich darauf einzulassen und Zukunft gemeinsam zu gestalten. Mehr noch: Motivierte Flüchtlinge und Einwanderer, das belegt die bisherige Geschichte, können sogar ein lebendigerer Teil der sozialen Struktur sein als die bereits etablierten Gruppen. Ich betrachte das, was momentan auf der ganzen Welt stattfindet, deshalb nicht etwa als Apokalypse, so wie uns das die Xenophoben aller Länder täglich einreden wollen, sondern als eine zutiefst menschliche, fließende Bewegung. Flucht gab es schon immer, seit Anbeginn der Menschheit. Sie ist beinahe so natürlich wie die Bewegung von Wasser, Wind und Gras. Deshalb brauchen wir jetzt einen wirklich visionären Plan. Denn wir alle können etwas tun: den Flüchtlingen die Tür vor der Nase zuschlagen – oder sie ihnen öffnen. Wir haben die Wahl, und ich plädiere dafür, vertrauensvoll zu sein und diesen Menschen ihre Würde zurückzugeben. Grenzen sind auch dazu da, sie niederzureißen.

(Dieser Essay basiert auf Ai Weiweis Buch »Manifest ohne Grenzen«, erschienen 2019 in der kursbuch.edition.)

V. Epilog

Wenn wir wollen

Panik in den Hütten und den Palästen,
die Deiche sind gebrochen, die Wälder abgebrannt.
Hamburg und Bremen liegen unter Wasser,
alles überflutet, Berlin hat jetzt 'n Strand

(...)

Wenn wir wollen und du willst es doch auch.
Wenn wir wollen, raffen wir uns endlich auf.
Wenn wir wollen, zünden wir die Lunte an.
Viel zu lange nichts passiert, packen wir die Dinge an.

(...)

Soll das immer so weitergehen?
Wachen wir doch endlich auf!
Schlafwandeln in den Untergang
ist das, was keiner braucht.

SLIME, 2020

Donatella Di Cesare

Die Zeit der Revolte

Die Revolte bricht sich Bahn, überall auf der Welt. Sie entzündet sich, erlischt wieder. Breitet sich von Neuem und weiter aus. Sie überschreitet Grenzen, ergreift ganze Nationen, erschüttert die Kontinente. Ein Blick auf die Karte ihrer jähen Ausbrüche und unvorhersehbaren Bewegungen bezeugt ihre Intermittenz innerhalb der zerklüfteten politischen Landschaft des neuen Jahrhunderts. Ihre umfassende Ausbreitung ist intensiv, dynamisch. Diese Topografie lässt ein Szenarium aufscheinen, in dem die Konfrontation zum Kontrast wird, zu Dissens, zu offenem Kampf. Die Proteste weiten sich aus, die Akte des Ungehorsams vervielfachen sich, die Auseinandersetzungen werden schärfer. Es ist die Zeit der Revolte.

Obgleich das Feuer noch schwach scheint und die Ereignisse flüchtig, kann die Revolte nicht mehr bloß als eine kurzlebige Konjunktur gesehen werden. In ihrem Wechselspiel stellt sie ein globales Phänomen dar, das verspricht, von langer Dauer zu sein. Nicht einmal die Pandemie hat daran etwas geändert. Die gegenwärtigen Revolten sind gekennzeichnet durch ihren fragmentarischen Charakter, ihre Getrenntheit und Diversität. Kann man sicher sein, dass es sich überall um ein und dasselbe Phänomen handelt? Man kann auf die Unterschiede abheben, auf die durchweg diskordanten Modalitäten und Vorhaben: So sind einige Revolten episodischer

Natur, andere wiederkehrend. Manche scheinen sich nur schüchtern anzudeuten, wieder andere sind ganz offen umstürzlerisch angelegt. Doch ein Bestehen auf dem partikularen Charakter der Revolten, das verweigert, diese als Artikulationen einer globalen Bewegung zu betrachten, liefe darauf hinaus, a priori für die Verteidigung des Status quo einzutreten. Als wäre alles wieder in Ordnung – nur hier und dort träten noch marginale Probleme auf. Gerade deswegen ist es wichtig, die gemeinsamen Züge der weltumspannenden Revolten ausfindig zu machen, ohne dabei ihre jeweils lokale Ausprägung und ihre spezifische Eigenart aus dem Auge zu verlieren.

In den offiziellen Chroniken wird die Revolte marginalisiert. Wenn sie es überhaupt schafft, die Hürden der Zensur zu überwinden, wird sie in ein Spektakel verwandelt und in ihrer transgressiven Dunkelheit ausgestellt. Zugang zu den Monitoren und Fernsehbildschirmen findet sie nur, wenn Ernst, Dringlichkeit und Dimension dies gebieten. Und doch bleibt sie hier, hypersichtbar und überbelichtet, zur Unsinnigkeit verdammt. Demonstrationszüge, Versammlungen, Menschenmassen in den Straßen und – in einem kontinuierlichen Crescendo – Rauchsäulen, zerbrochene Schaufenster, brennende Autos und Müllcontainer. Ob Portland, Beirut, Hongkong, Algier, Paris oder Barcelona – die Bildern sollen vor allem Unordnung und Durcheinander zeigen. Und aus der Unordnung meint man das Durcheinander eines chaotischen und nicht greifbaren Ereignisses ableiten zu können. Daher auch der Mangel an Reflexionen über den Gegenstand der Revolte, die gleichwohl mittlerweile den Alltag rhythmisiert. Wenn die Medien so ein getrübtes und dunkles Bild von ihr vermitteln, die öffentliche Vorwurfshaltung wiederholen und einer interpretativen Amnesie Vorschub leisten – dann deshalb, weil die Revolte die Logik der institutionellen Politik durchbricht und übersteigt. Entsprechend »außen vor« zu sein heißt nicht, politisch unbedeutend zu sein. Vielmehr liegt genau darin das Potenzial der Revolte, die sich im öffentlichen Raum auszubreiten sucht, um die politische »Governance« auf ihrem eigenen Gebiet herauszufordern. Es sollte daher nicht verwundern, dass deren medienwirksame und institutionelle Spielart die Revolte an den Rand drängt, ihre Reichweite verharmlost, sie von der Tagesordnung streichen und auf ein gespensterhaftes Phänomen reduzieren will. Die Revolte erscheint so als ein beunruhigender Schatten, der an den überwachten Grenzen der offiziellen Aktualität umherschleicht.

Es ist also geboten, die Perspektive umzukehren und die Revolte nicht aus dem Innen, das heißt der staatszentrierten Ordnung, heraus zu betrachten, sondern von jenem »Außen«, in dem sie sich selbst situiert. Als eigentümliche Dimension der weltumspannenden Unordnung liefert die Revolte den Interpretationsschlüssel für ein immer schwerer zu entzifferndes Zeitalter. Was sagt uns die Revolte, wenn sie über das Heute spricht? Wie kann man, wie muss man sie interpretieren? Die Kriterien der Modernität, die möglicherweise zuvor noch wirksam waren, scheinen ihre Gültigkeit eingebüßt zu haben. Die Kosmogonien vom Sinn der Geschichte, die totalisierenden Dialektiken – sie verfangen nicht mehr, lassen die neuen Antagonismen unausgelotet und undurchdringlich außen vor. Diese Diagnosen verweisen auf die Frage nach dem Verhältnis der Revolte zur Politik. Die gegenwärtige Revolte wird für gewöhnlich als vorpolitisch wahrgenommen, da sie – sei es aus Unreife, sei es aufgrund einer Art Infantilität des Ortes – als unfähig eingeschätzt wird, authentische Ansprüche zu formulieren und sich im Rahmen eines weiterreichenden Projekts zu artikulieren. In dieser Sichtweise gilt sie als unpolitisch, gerade wenn darunter die Schwierigkeit, in den politisch-institutionellen Raum einzutreten, verstanden wird. Doch aus dem entgegengesetzten Blickwinkel kann sie ebenso gut als hyperpolitisch eingestuft werden. Ein Charakteristikum der gegenwärtigen Revolten, die nicht zufällig von dem Motto »¡Que se vayan todos, que no quede ni uno solo!« (»Sie sollen alle abhauen, kein Einziger soll bleiben!«) begleitet werden, ist die Trennung von Macht und Volk, die inzwischen als endgültiger Bruch erscheint – trotz der Anstrengungen des Staates, sich selbst Legitimität zuzusprechen, stete Alarmbereitschaft zu verbreiten und Sicherheit vorzugaukeln. Die nationalistischen und autoritären Reaktionen, die aus einer blutleeren Souveränität erwachsen, berühren diesen Prozess nicht wirklich. Auf den Straßen und Plätzen stellt jener abstrakt-administrative Betrieb der »Governance« sein polizeiliches Gesicht zur Schau, um damit der Masse entgegenzutreten, die zu regieren ihm nicht mehr gelingt. Die Unregierbaren betreten die Bühne, um anzuprangern, dass die Institutionen der Politik sie nicht mehr repräsentieren. Doch über diese Repräsentationskrise hinaus, die sich der Populismus zunutze zu machen sucht, steht die Neubestimmung des politischen Raums selbst auf der Agenda. Diese Auseinandersetzung durchzieht und erschüttert in ihren heterogenen Formen und Modalitäten die globale politische Landschaft. Dabei verleiht die Revolte einem noch meist unscharfen Unbehagen Ausdruck. Sie offenbart ein unbestimmtes, quälendes Ungemach und enthüllt die enttäuschten Erwartungen. Die versprochenen Entwicklungschancen und der vielgerühmte Fortschritt haben eine Welt hinterlassen, die scheinbar alternativlos von Abgründen der Ungleichheit, der Logik des Profits, der Ausplünderung der Zukunft sowie der zur Schau gestellten Arroganz einiger weniger gegenüber der Armut vieler geprägt ist und diesem Zustand weiter Vorschub leistet.

Einzelne Forderungen und ihre kontingenten Motive vermögen keine erschöpfende Erklärung für die Revolte zu liefern. Die Tötung eines Demonstranten, die Verabschiedung eines Gesetzes, das demokratische Freiheiten beschneidet, eine ungestraft bleibende Vergewaltigung, die Verteuerung von Öl und Benzin, die plötzliche Preiserhöhung der Tickets für die U-Bahn, die Aufdeckung des x-ten Falles von Korruption, die Umwandlung eines Parks in ein Einkaufszentrum, die Rentenreform, ein Vergeltungsschlag des religiösen Fundamentalismus: all dies sind besondere Ursachen, die – wenn auch notwendig, um das Phänomen analysieren zu können – jedoch nicht hinreichend sind, es in seiner Komplexität zu verstehen. Es gibt überhaupt keine Revolte, die auf eine einzelne Ursache zu reduzieren wäre. Vielmehr gehen alle Revolten aus der Verbindung und Verflechtung unterschiedlicher Motive hervor – und zwar nicht allein wirtschaftlicher, sondern ebenso politischer und existenzieller Natur.

Die gegenwärtigen Formen des Protests besitzen daher, wenngleich im Rahmen der Vorläufigkeit spontaner Bewegungen, neue und ganz eigene Züge. Place de la République, Taksim-Platz, Liberty Plaza, Puerta del Sol – die Plätze des Protests sind zahllos, von einem Kontinent zum nächsten. Man geht auf die Straße, um sich an einem neuralgischen Ort der Stadt zusammenzufinden, der sodann zu einer versammelnden Begegnungsstätte wird. Als wollte man vor allem verhindern, sich zu verlaufen und weiter zu zerstreuen. Als versuchte man, sich trotz der unterschiedlichen Herkünfte in einem gemeinsamen Raum und einer gemeinsamen Zeit zu versammeln – beinahe als wollte man eine alternative Gemeinschaft konstituieren. Proteste und Besetzungen haben die Fabriken verlassen, die Betriebsstätten und Arbeitsplätze, größtenteils auch die Universitäten, die Schulen sowie alle Orte sozialer Tätigkeiten, die ebenso viele strategische Knotenpunkte bilden, an denen sich einst die im Konflikt befindlichen Kräfte artikulieren konnten. Dieser Exodus birgt eine klare politische Bedeutung in sich: Er ist die Anerkennung der Tatsache, dass im Zeitalter des Spätkapitalismus – jener Epoche der planetarischen Schuld, der entlokalisierten Industrien und des weiträumig verbreiteten Prekariats – die Arbeit keine Gemeinschaft mehr zu bilden imstande ist. Sie ist vielmehr nur noch die Art und Weise, in der jeder Einzelne im Rahmen eines unablässigen Wettbewerbs sein eigenes »Humankapital« verwaltet und bewirtschaftet. Im Übrigen ist es, wie die Biopolitik lehrt, inzwischen das gesamte Leben, das gefordert und aufgesaugt wird – über die Arbeitskraft hinaus. Darin besteht der entscheidende Unterschied gegenüber den Protesten der Vergangenheit und den traditionellen Formen des Kampfes, wie etwa dem Streik. Das Gemeinsame kann nicht mehr vorausgesetzt, sondern muss vielmehr angestrebt und mühevoll gesucht werden. Es muss außerhalb der Topografie der obsolet gewordenen Arbeitsplätze in Szene gesetzt und fernab der repräsentativen Paläste artikuliert werden. Die Zusammenkünfte erfolgen insbesondere auf den städtischen Plätzen – jenen Räumen mithin, die die Politik nicht mehr zu füllen vermag und die zugleich einen symbolischen Verweis auf die Agora darstellen, auf den Ursprungsort der Demokratie und den letzten Raum, der der Gemeinschaft derzeit noch zur Verfügung steht. Dabei lässt sich ein Gemisch aus Resignation und Widerstand erkennen. Zusammen-Sein heißt auf eine Welt zu reagieren, die zunehmend auf Isolation und Trennung beruht. Die Antwort darauf ist nicht nur politisch, sie ist zugleich auch ethisch begründet. In diesem Sinn ist die Bewegung der Besetzung bereits Opposition. Auf den Plätzen treffen verschiedene Formen der Mobilisierung zusammen: von den Feminist*innen bis zu Menschenrechtsaktivist*innen, von Umweltschützer*innen bis zu Streiter*innen für die Rechte der Migrant*innen, von Pazifist*innen bis zu Antirassist*innen. Seitdem die Slogans der Parteien bei den Massen nicht mehr verfangen und diese nicht mehr zu integrieren vermögen, sind die Plätze zu Schauplätzen der Kreativität geworden, auf denen neue Gesten erdacht und zuvor unbekannte Aktionsformen erprobt werden. Wenn jedoch die letzten Klänge jenes gemeinsam angestimmten Widerstandsgesangs verweht sind, scheint auf den Plätzen das scharfe »Nein« einer allgegenwärtigen Ablehnung der globalen Welt nachzuklingen.

Eigentlich eine Affirmation der Demokratie und ein Ausdruck von Solidarität, läuft die Bewegung der Plätze jedoch Gefahr, sich in einer Vielzahl partikularer Kämpfe aufzulösen oder wieder in die Agenda der offiziellen Politik integriert zu werden. Sie wirkt nicht auf Dauer, geht nicht über den Dissens hinaus, sie scheint keine Spuren in jener Gliederung der Polis zu hinterlassen, die in Platons Modell als die Verwirklichung der Gerechtigkeit erscheint. Während der Arbeiterstreik nicht nur eine Besetzung der Fabrik war, sondern ebenso eine Neustrukturierung der Räume, gelingt es der Bewegung der Plätze – obgleich diese auf die Zerstreuung und Teilung zu reagieren versucht – noch nicht, den öffentlichen Raum zu gestalten. Aber dennoch: Wenn die Revolte die gouvernementale Politik in Verlegenheit zu stürzen vermag, dann weil sie eine Praktik des Einfalls und Einbruchs ist, die Ungerechtigkeiten aufzeigt, die für diejenigen Partei ergreift, denen die Teilhabe verweigert wird, die die unsichtbar Gemachten und Verfemten ins Licht rückt und Unrecht und Schuld in den überwachten Arealen des öffentlichen Raums skandalisiert. Hier wird in einem Zeitalter des äußeren Scheins, in dem sich die Verbindung von Politik und Öffentlichkeit verstärkt und verdichtet hat, um Sichtbarkeit gekämpft. Die unzufriedenen Bürger suchen – statt im Schatten zu verbleiben und sich in Schweigen zu hüllen – Zugänge zum öffentlichen Raum, um eigene Forderungen zu formulieren und auf verschiedene Weise ihren Dissens zum Ausdruck zu bringen. Es versteht sich von selbst, dass es dabei auch um den demokratischen Raum geht. Der demonstrierende Bürger, der mit Gesten oder Worten die eigenen Beschwerden und Gegenvorstellungen vorbringt, fordert seine Rechte ein, stellt sie – und sich – öffentlich zur Schau. Genau deshalb befragt die Revolte in ihren verschiedenen Formen die Zukunft der Demokratie, richtet die Aufmerksamkeit auf die Orte der Entscheidung sowie auf die Grenzen der Politik. Und die Revolte stellt schließlich auch das begriffliche Gewebe des modernen politischen Denkens in Frage – vom Thema der Souveränität bis zu dem des Vertrages, von der Idee der Nation bis zu den Vorstellungen von Staatsbürgerschaft und staatlichen Grenzen.

Das macht die Relevanz dieser neuen Ungehorsamen deutlich, die keine furchterregenden Gesetzlosen sind oder eine Bedrohung der öffentlichen Ordnung darstellen, sondern bei denen es sich vielmehr um beispielhafte Bürger handelt. Wer könnte jemals Persönlichkeiten wie Pia Klemp, Dariush Beigui und Carola Rackete vergessen? Wer sich der Aufgabe verschreibt, Menschenleben vor dem sicheren Schiffbruch zu retten, ist mit Sicherheit nicht schuldig. Bürger sind keine Untertanen – weshalb sie auch nicht unterwürfig und bedingungslos ein Gesetz akzeptieren können, das neben den Grundsätzen der Verfassungsmäßigkeit auch die der Menschlichkeit verletzt. Als wäre es selbstverständlich, aus Hilfeleistung und Bergung eine Straftat zu machen. Als wäre es naheliegend, die Ethik in ihr Gegenteil zu verkehren. Wo die Verteidigung der Menschenrechte als Versuch des Umsturzes angesehen wird, droht der Kollaps der Demokratie. Wer zivilen Ungehorsam leistet, verletzt das Gesetz nicht – er fordert es heraus. Er fordert es heraus im Namen eines höheren Gesetzes, einer verratenen Verfassung, einer mangelnden, ausbleibenden Gerechtigkeit. Darin ist die Neuheit der »neuen Ungehorsamen« zu suchen, die sich am Rande des öffentlichen Raumes bewegen, zuweilen – zu Lande wie zu See – bereits in ihn eindringen und so die politische Architektur ins Wanken bringen und die staatszentrierte Ordnung erschüttern. Nicht zufällig stehen sie den Migrant*innen bei, helfen ihnen, nehmen sie auf, nicht zufällig werden sie dafür kriminalisiert und illegaler Handlungen beschuldigt. Aber Nicht-zu-Gehorchen wird bei näherer Betrachtung zur Pflicht: wo Verantwortung nicht wahrgenommen wird, wo Gleichgültigkeit vom Eingreifen entbindet, wo Machtlosigkeit mit Neutralität verwechselt wird.

In der gegenwärtigen Welt hat die Politik – beginnend mit den liberalen Demokratien – in einem Maß an Wert verloren, dass sie nicht mehr als konstitutiver Teil der menschlichen Existenz wahrgenommen wird. Das Desinteresse an den Fragen der Aktualität wie auch die grassierenden Wahlenthaltungen sind nur Alarmzeichen eines tieferreichenden Phänomens: Die politische Existenz ist keine Bestimmung mehr, kein Schicksal. Die Existenz weiß sich nicht mehr zur Polis bestimmt. In den heutigen Revolten wird man einer Form von Widerstand des geschädigten Lebens gewahr, das die Unlebbarkeit nicht mehr erträgt, das ein reines Überleben nicht mehr erdulden will.

Dabei verschiebt sich der Konflikt nicht nur von der Fabrik hin zu den Plätzen. Der Übergang greift weiter und tiefer: Die neuen Revolten kreisen durchweg um die Frage des Wohnens. Das bedeutet nicht, dass der Kampf um das Eigentum an den Produktionsmitteln verschwinden würde. Aber das Problem der Arbeit kann nicht adäquat angegangen werden, ohne die Probleme von Technik und Territorium mit einzubeziehen. »Wohnen« ist dabei nicht als Eigentum der Wohnung zu verstehen, sondern als eine politisch-existenzielle Beziehung zu sich, zu den anderen, zur Erde. Wie soll man auf ihr ansässig sein? Und wie zusammenwohnen?

Damit treten radikal demokratische und ökologische Formen, die Welt zu bewohnen, auf den Plan. Nicht nur um aufzuzeigen, dass die bestehende nicht die beste aller möglichen Welten ist – sondern auch um zu versuchen, das durchschnittene und zerrissene Band zwischen Politik und Existenz wiederherzustellen, von Neuem zu knüpfen. Es geht nicht mehr darum, bei der Erwartung, das Leben zu verändern, an die Erstürmung des Winterpalais zu denken: Die Art zu leben kann sich schon hier und heute verändern.

Die Autorinnen und Autoren

Ai Weiwei Der chinesische Künstler nutzt zahlreiche Ausdrucksformen für seine Gesellschaftskritik: von spektakulären Installationen bis zum Dokumentarfilm. 2017 feierte er mit »Human Flow« Premiere bei den Filmfestspielen in Venedig.

Fürst Albert II. von Monaco Der Staatschef Monacos hat bereits 2006 mit einer Arktis-Expedition internationale Aufmerksamkeit für den Klimawandel erregt, er ist engagiert für Umwelt- und Artenschutz.

Swetlana Alexijewitsch Die Journalistin hat eine eigene literarische Gattung entwickelt, den dokumentarischen Roman. Alexijewitschs Werke wurden vielfach ausgezeichnet, u.a. mit dem Nobelpreis für Literatur.

Parwana Amiri Die Schülerin und Autorin der »Letters to the World from Moria« musste aus Afghanistan fliehen, wurde auf der Flucht in türkischen und griechischen Lagern interniert, u.a. in Moria auf Lesbos.

Dariush Beigui Der Autor, Punk und Kapitän ist Binnenschiffer aus Liebe zum Wasser und Seenotretter aus Liebe zum Leben. Er setzt sich für sichere Fluchtwege und offene Grenzen ein.

Behrouz Boochani Der Autor und Filmemacher war nach seiner Flucht aus Iran sechs Jahre im Flüchtlingslager auf der Insel Manus inhaftiert. 2019 gelang ihm die Flucht nach Neuseeland. Sein Buch »No Friend But the Mountains« erhielt zahlreiche Auszeichnungen.

Donatella Di Cesare Die Professorin für Theoretische Philosophie an der Universität Rom hat u.a. die Bedeutung der Philosophie für den Holocaust untersucht. Sie zählt zu den führenden Intellektuellen Europas.

Daniel Dahm Der Geologe ist Sprecher für »Ecosystem Restoration« im Weltzukunftsrat, Beirat der »Scientists for Future« und Gründer der United Sustainability Unternehmensgruppe.

Wolf Gaudlitz Autor, Regisseur, Schauspieler. Produzierte mehr als hundert ARD-Radiofeatures und preisgekrönte Kinofilme, u.a. »Palermo flüstert«.

Eckart von Hirschhausen Der Komiker, Autor und Moderator studierte Medizin und Wissenschaftsjournalismus. Seine Spezialität: medizinische Inhalte auf humorvolle Art und Weise zu vermitteln. Gründete 2020 die Stiftung »Gesunde Erde – Gesunde Menschen«.

Luc Jochimsen Die Fernsehjournalistin war Chefredakteurin des Hessischen Rundfunks und Bundestagsabgeordnete der Partei Die Linke. Kandidierte 2010 für das Amt der Bundespräsidentin.

Akira Kawasaki Das führende Mitglied der »Peace Boat«-Initiative koordinierte die Welttour von Zeitzeugen der Atombombenabwürfe. Kawasaki ist ICAN-Vorstand, der Internationalen Kampagne zur Abschaffung von Atomwaffen, die 2017 den Friedensnobelpreis erhielt.

Jan Ilhan Kizilhan Der Professor für Psychologie entwickelt Konzepte zur Traumabehandlung und Gewaltprävention. Er ist medizinischer Leiter eines Schutzprojekts für jesidische Überlebende des IS-Terrors.

Beate Klarsfeld Ihre Ohrfeige gegen Nazi-Kanzler Kiesinger machte die Autorin international bekannt. Mit ihrem Mann Serge enttarnt sie seit einem halben Jahrhundert Nazi-Täter. 2012 kandidierte sie für das Amt der Bundespräsidentin.

Pia Klemp Die Kapitänin und Autorin engagiert sich weltweit für Tier- und Menschenrechte, u.a. bei der Rettung von Geflüchteten im Mittelmeer. Dafür stellte sie 2020 mit einem anarcho-feministischen Kollektiv das Schiff »Louise Michel« in Dienst, das von dem Künstler Banksy finanziert wurde.

Tima Kurdi Die Tante des auf der Flucht ertrunkenen Alan Kurdi ist eine Sprecherin für die Rechte von Flüchtlingen weltweit. Ihr Buch »The Boy on the Beach« ist 2020 in deutscher Übersetzung bei Assoziation A erschienen.

Mojib Latif Der Meteorologe und Klimaforscher ist Professor am Helmholtz-Zentrum für Ozeanforschung, für seine Arbeiten wurde er u.a. mit dem Deutschen Umweltpreis ausgezeichnet.

Graeme Maxton Der Ökonom war Generalsekretär des Club of Rome, lehrte als Wirtschaftsprofessor in London und berät die UN-Wirtschaftskommission für Europa. Maxton ist Autor mehrerer Bestseller, zuletzt »Globaler Klimanotstand«.

Dennis L. Meadows Der Professor für Systempolitik ist Autor von zehn Büchern, u.a. »Die Grenzen des Wachstums« mit weltweit 30 Millionen Exemplaren Auflage. Meadows erhielt für seine Beiträge zur Umweltbildung diverse Auszeichnungen.

Hilda Flavia Nakabuye Die Logistikstudentin der Universität Kampala ist Mitbegründerin von Fridays for Future Uganda und vertritt die Interessen des Südens auf internationalen Klimakonferenzen.

Oliver Neß Der Politikwissenschaftler, Journalist und Medienproduzent ist Mitbegründer des Hamburger Literaturfestivals »Lesen ohne Atomstrom«.

Leoluca Orlando Bürgermeister Palermos. Zuvor Abgeordneter im italienischen und europäischen Parlament. Der Rechtsprofessor ist seit Jahrzehnten einer der führenden Kämpfer gegen Organisierte Kriminalität.

Frank Otto Der Medienunternehmer, Musikproduzent und Kulturmäzen ist Mitbegründer des Hamburger Literaturfestivals »Lesen ohne Atomstrom«.

Hanna Poddig Die Autorin mehrerer Sachbücher engagiert sich als Vollzeitaktivistin in der Klima- und Anti-Atom-Bewegung. 2017 wurde sie mit dem Blue Planet Award ausgezeichnet.

Martin Rees Der Astrophysiker leitete das Institut für Astronomie Cambridge und war Präsident der Gelehrtenvereinigung Royal Society. Seit 1995 ist Rees Königlicher Astronom am britischen Königshaus, seit 2005 Mitglied des britischen Oberhauses.

Boualem Sansal Der Schriftsteller war als Ökonom bis 2003 Direktor im algerischen Industrieministerium. Seine Romane wurden vielfach ausgezeichnet, u.a. mit dem Friedenspreis des Deutschen Buchhandels.

Vandana Shiva Der indischen Wissenschaftlerin wurde für ihre Verdienste um den Umwelt- und Artenschutz u.a. der Alternative Nobelpreis verliehen.

Omid Tofighian Der Wissenschaftler lehrt an der Universität Sidney, ist gegen das Grenzregime Australiens engagiert. Er übersetzte das Buch »No Friend But the Mountains« von Behrouz Boochani ins Englische.

Ole von Uexküll Der Umweltwissenschaftler ist Direktor der Right Livelihood Foundation in Stockholm, die den Alternativen Nobelpreis verleiht. 2019 zeichnete er den Indigenen-Sprecher Davi Kopenawa für dessen Kampf zur Rettung des Regenwalds aus.

Franziska Wessel In Brüssel geboren, lebt die Schülerin mit ihrer Familie in Berlin. Seit 2019 Teil der Klimagerechtigkeitsbewegung, engagiert u.a. bei Fridays for Future.

Jean Ziegler Der Schweizer Soziologe und Bestseller-Autor ist Mitglied des UN-Menschenrechtsausschusses, war Nationalrat im eidgenössischen Parlament und UN-Sonderberichterstatter für das Recht auf Nahrung.

TIMA KURDI
DER JUNGE AM STRAND
**Die Geschichte einer
Familie auf der Flucht**
*Aus dem Englischen von
Lilian-Astrid Geese*

Es war ein Foto, das um die
Welt ging und die Menschheit
erschütterte: das Bild des
kleinen Alan, der tot an einem
Strand der türkischen Küste
lag. Sein Schicksal und das
seiner Familie wurden zum Symbol für die verzweifelte
Notlage von Millionen von Flüchtlingen, die vor dem
Krieg in Syrien flohen. Das Buch seiner Tante Tima
Kurdi ist ein leidenschaftliches Plädoyer für die Rechte
der Flüchtlinge und ein Weckruf an die Welt, das Sterben
im Mittelmeer zu beenden.

ISBN 978-3-86241-477-2, 248 Seiten, broschiert

LUIZ RUFFATO
ICH WAR IN LISSABON
UND DACHTE AN DICH
*Aus dem Portugiesischen
von Michael Kegler*

»Luiz Ruffato ist ein großartiger
Schelmenroman zum Thema
Migration nach Europa gelungen:
Temperamentvoll, einfühlsam
und bei allem Ernst des Themas
– höchst vergnüglich« (WERA
REUSCH, WDR).

»Einer der spannendsten Autoren aus Brasilien erzählt
eine unvergessliche Migrantengeschichte. Was für ein
Buch!« (MARKO MARTIN, DIE WELT).
ISBN 978-3-86241-444-4, 96 Seiten, gebunden

HESS, KASPAREK, KRON, RODATZ, SCHWERTL (HG.)

DER LANGE SOMMER DER MIGRATION
Grenzregime III

Die Autor*innen rekonstruieren die Migrationen des Sommers 2015, nehmen die Kämpfe an den Hotspots der Auseinandersetzungen in den Blick, stellen Unterstützungsinitiativen wie »Alarm-Phone«, »Infobus« oder »Watch the Med« vor und untersuchen die neuen Tendenzen der europäischen Migrations-, Flüchtlings- und Grenzpolitik.

ISBN 978-3-86241-453-6, 272 Seiten, broschiert

MIKE DAVIS

DIE GEBURT DER DRITTEN WELT
Hungerkatastrophen und Massenvernichtung im imperialistischen Zeitalter
Aus dem Englischen von Ingrid Scherf, Britta Grell und Jürgen Pelzer

Mike Davis legt in seiner einzigartigen politischen Ökologie des Hungers die Hintergründe zwischen Weltklima und Weltökonomie im imperialistischen Zeitalter frei, die zur »Geburt der Dritten Welt« führten und bis heute nachwirken.

Ausgezeichnet mit dem »World History Association Book Award« 2002.

ISBN 978-3-935936-43-9, 464 Seiten, broschiert